角井亮一 編
円茂竹縄 作画

# マンガでやさしくわかる物流
Logistics

日本能率協会マネジメントセンター

# はじめに

最初の本から、この書籍で24冊になります。皆さまのおかげです。ありがとうございます。

2001年刊の『よくわかるIT物流』から17年ですから、相当早いペースです。しかも、これらはほぼ1万部を超えていますので、より多くの人に「物流」の理解を深めてもらいたいという【初志（しょし）】は、まだまだ道半ばではありますが、少なからず実現されているのではないかと感じています。

ここで出てきた【初志】という言葉は、角井が船井総合研究所在籍当時（25歳）、本部長だった佐藤芳直氏が経営会議で話していたものです。今は、私が社内での会議や当社のバリューブック「イー・ロジットバリュー」でも紹介しています。

社内だけにとどまらず、物流業界最大と自負するメルマガで毎年4月頃に紹介し、依頼される企業研修や当社の集合研修でも、若手が多いときには、【初志】という話をします。

あなたにとっての【初志】とは、なんでしょうか？

初志とは、読んで字のごとく、初めの志（こころざし）です。仕方なく物流に関わることになったなんて、残念な話はしないでください。そんな想いを持った瞬間から、睡眠時間以上に1日の時間を費やす仕事がつまらなくなり、人生が楽しくなくなります。

最初に「志（こころざし）」を立てるから、仕事にやりがいが出て、楽しくなるのです。

仕事だけではありません。勉強もそうです。

私の出身校である上智大学のキャリアセンター主催のOB、OGとの交流会のお手伝いをしていたときに感じたことですが、希望の就職先に行く学生には共通項が2つあります。

1つめは、何かを体現するサークルや体育会系に入っていること。プロジェクトや大会など目標を持って、学生生活を送った人です。

そしてもう1つは、社会人慣れをしている人です。20代だけでなく、50代、60代のOB、OGに素直に質問したりして、教えを請うています。学校の先生に対しても同じです。「先生に媚を売って…」と後ろ指を指す人がいるかもしれませんが、それは妬みです。先生はもっとも近い社会人ですから、どんどん質問、相談をして、勉強以外のことも教えてもらうべきです。

最初の共通項は、まさに【初志】なのです。社会人でも学生でも、初志を持つことで、自身の人生が楽しめるようになります。

角井が書籍を書き始めたときの初志は、「より多くの人に「物流」の理解を深めてもらいたい」ですから、小難しい言葉を使わず、誰にでもわかりやすく書いています。とくに本書は、初めての物流関連の授業や研修でも使えるように、マンガも織り込んでいます。マンガなんて不謹慎だ！　と一刀両断せずに、最初の一歩で転ばない（苦手意識をつくらない）よう、ぜひ導入本としてご活用いただき、より高度な物流の知識や知恵に触れるようにしてください。

２０１７年11月
秋葉原の自宅より

株式会社イー・ロジット
代表取締役社長　角井亮一

## プロローグ 物流の基本



## 第1章 物流の6大機能

## エピローグ 進化した物流の未来

## プロローグ

# 物流の基本

STORY

## どうすればいいんだろ…

私は間違ってなんかない……!!
モノが良けりゃ売れるのよ!
売れないのはどこかで誰かがサボってるせい
そうよ きっと そう
原因をみつけて徹底的に指導すれば…
間違っている…
!?

ちょっと!!
今 誰か なにか 言った!?
あっ!!
Bouldering
は〜〜…

あぁ
イライラする…
ボルダリングまで
うまくいかない
気分転換にって
思って
始めたのに
社長だった
お母さんが
倒れて半年――
株式会社 マツユウ
いい機会だからと
家業を継ぐつもりで
会社を辞めて
帰ってきたは
いいけれど
業績は
かんばしくない
このままでは
先がない
やっぱり
シニア女性向け
っていうのが
市場として
ダメなのかな…
私のデザインが
売れないはず
ないのに…
こうなったら
若者向けに
シフトして…
ちょっと
あなた
いいですか
…

よけいなお世話かもしれませんが
あなたはいつも同じ間違いをしている…
は？
…もしかしてさっき何か言ってたのあなたですか？
ああたぶんそうですね
間違ってるって
私のなにが間違ってるっていうんです!?
…っていうか何の話ですか!?
そりゃあボルダリングですよ
ボルダリングジムですから
あの人ごらんなさい
あ〜…スポーツジムによくいる教えたがり…？

ルートの取り方がとてもうまい
あなたオブザベーションに癖があるんですよ
オブザ…？
課題を見てどう動くか考えることです
どう動くもなにも登ればいいいんでしょ？
そもそも私ただ気分転換に始めただけだから細かい技術とか興味ないです
それはもったいない
せっかくやるなら上達したほうがたのしいというものです
オブザベーションというのは…そうですね
仮にあなたがトラックのドライバーだったとしましょう

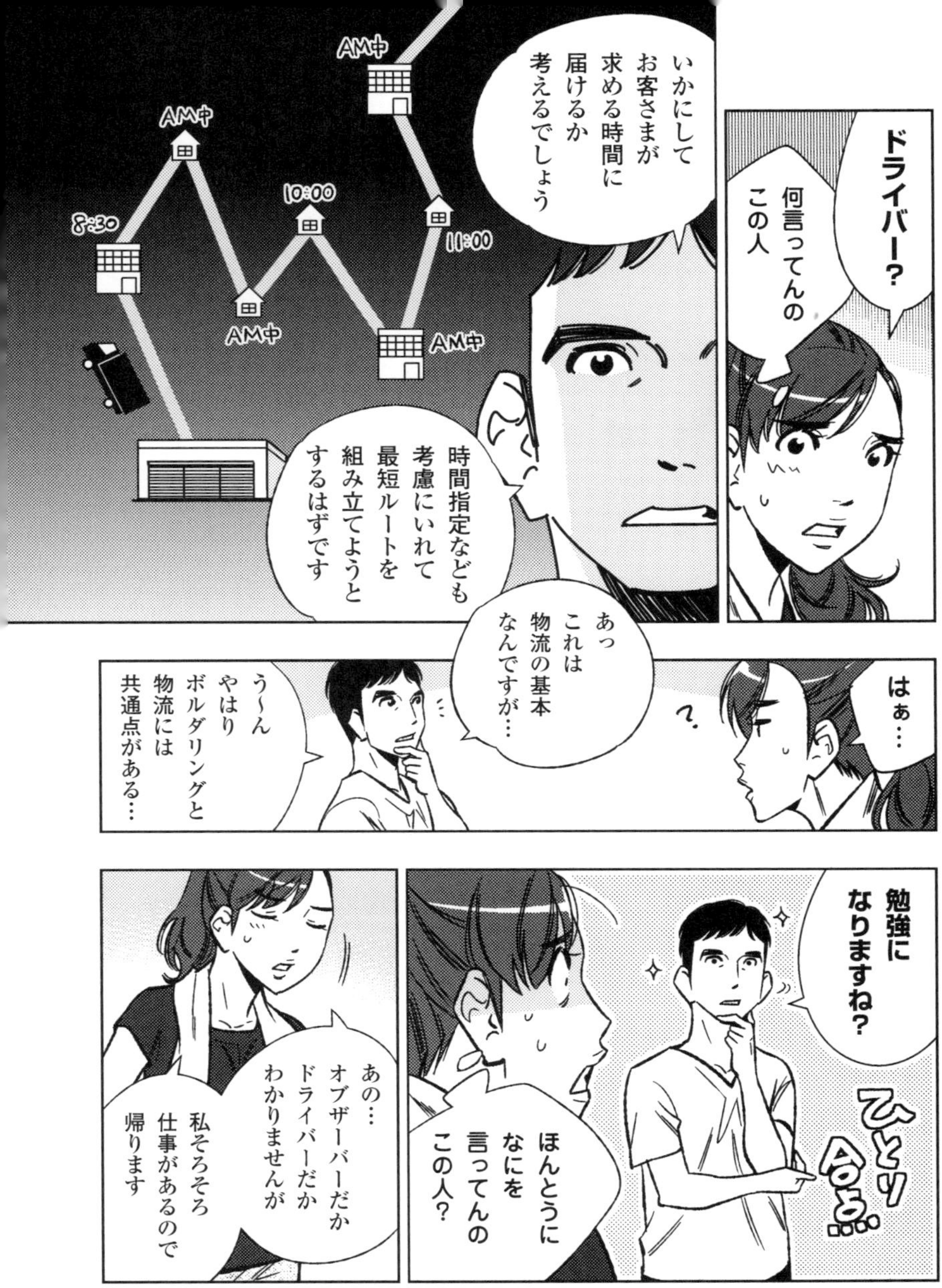
いかにしてお客さまが求める時間に届けるか考えるでしょう
AM中
AM中
10:00
11:00
8:30
AM中
AM中
時間指定なども考慮にいれて最短ルートを組み立てようとするはずです
ドライバー？
何言ってんのこの人
あっ これは物流の基本なんですが…
はぁ…
う〜ん やはりボルダリングと物流には共通点がある…
勉強になりますね？
ひとり合点…
ほんとうになにを言ってんのこの人？
あの… オブザーバーだかドライバーだかわかりませんが
私そろそろ仕事があるので帰ります

何がドライバーよ私はファッションデザイナーだっていうの！
気分転換とおっしゃいましたか…
何回かこのジムでお見かけしてますが
そのわりにあなたが楽しそうに登っているのを見たことがない
それがあなたに関係あるんですか!?
少し肩の力を抜いて…
全体を見渡すと思わぬ解決手段が見つかるかもしれませんよ
〜〜〜〜!!
Bouldering
大きなお世話ですッ!!

カタ
カタ
カタ
肩の力を抜いてって…
そんな余裕ないわよ
何も知らないくせに
何も…
…………
どうすればいいんだろ…
株式会社 マツユウ

プロローグ

# 物流の基本

## 物流サービスが企業の売上げを左右する

### ◇物流って何？

私たちはたくさんのものに囲まれ、とても便利な生活をしています。必要なものは24時間365日開いているコンビニエンスストアで簡単に手に入れられ、インターネット通販を利用すれば、自宅にいながら当日のうちに商品を受け取ることができます。こうした便利な世の中を支えている「縁の下の力持ち」的な役割を担っているのが物流です。

しかし「物流って何？」という人は多いかもしれません。それは、ふだん意識しなければ物流の役割が見えにくいからです。

皆さんは、物流に対してどのようなイメージを持っているでしょうか？　宅配、コンビニ搬入、トラック、倉庫、台車、引越しなどさまざまな意見が出てくるでしょうが、もっとも多いのは、荷物を届ける宅配便のイメージであるようです。

しかし、物流とは単なる配達のような作業だけではありません。商品の付加価値は物流によって変わります。物流が企業の成長を支援する機能であることを、もっと知ってほしいのです。

## ◇物流は企業の成長を支援する大事な機能

高度経済成長期のように売上げが右肩上がりで伸びなくなっている現在、商品価値を高めたり、企業イメージを良くしたり、業務を効率化したり、コストを削減したり、利益を増やしたりする、こうしたカギを握っているのが物流です。その端的な例として、インターネット通販があります。

最近は、ネット通販で買い物をする人が飛躍的に増えています。アマゾンやアスクルなどでは、注文した商品が当日のうちに届きます。その日のうちに届くのですから、買い物に行く手間を考えるとネット注文が増加するのもうなずけます。

現在は、生活上のあらゆる取引がインターネットで行われています。ネット上では、注文情報が即時に伝達されます。しかし、それと同様の速さで商品を届けることはできません。そこで、商品を他社より1分、1秒でも早くお届けすることによって、消費者からの評価を得て、注文を獲得する機会を増やそうと考えるのは当然です。

インターネット通販事業では、物流機能の強化に注目する企業が増えています。業界のリーディングカンパニー・アマゾンの物流サービスに「追いつけ、追い越せ」と、各社が物流サービスでしのぎを削っています。楽天では、最短20分からの即時配送サービス「楽びん！」を導入しています。また、アスクルはLOHACOで購入した商品を、ほしいときに時間のムダなく受け取れるサービス「Happy On Time」を導入しました。これは注文時にお届け時間を1時間単位で指定することができます。前日のお届け予定時間報告（30分枠）や到着10分前の到着予告はスマートフォンに連絡があり、受取り時間の変更や再配達の依頼もできる便利さを実現しています。「物流サービス」が企業の売上げを左右するので、このように物流機能の強化のために各社の競争が激化しているのです。

## ◇全般を統合的に管理するロジスティクス

今や、モノを流すだけではなく、ロジスティクスの考え方を取り入れて物流全体を管理することが必須の時代です。ロジスティクスとは、もともとは兵站（へいたん）を表す軍事用語で、戦闘部隊の後方にあって人員・兵器・食糧などの補給や整備・連絡にあたる機能のことを言います。現在は、ロジスティクスの考え方で物流を管理できない企業は利益が出せないと言われるほど物流の役割は増してきています。

# 流通が需要と供給を結び付ける

## ◇私たちは、日々消費して生きている

私たちはふだん、コンビニでお菓子を買ったり、ファミレスで食事をしたり、デパートやインターネットで洋服や靴を買ったりしています。人は、お腹がすけば食材を買い、便利な新製品は手に入れたくなります。また、新しいスマホやゲーム、憧れの車がほしいなど、さまざまな欲求が生まれます。この「何かがほしい」という気持ちが、消費をする出発点です。

## ◇多くの人が求める商品やサービスを提供するために

「人の欲は尽きない」と言いますが、商売とは「人の欲を満たすためにある」といっても過言ではありません。より多くの人が求める商品やサービスを創り出して販売できれば、商売は儲かります。とくに、人が生きていくために衣食住は必須で、大半の人はこれに関連した産業で仕事をしています。

商品が生産され、それをほしいという「消費者」まで運ぶためには「流通」が必要で

す。流通は「需要」と「供給」の関係を円滑に結び付ける大事な役割を担っているのです。

## ◇流通の機能における「商流」と「物流」とは？

現在は、インターネットによって、世界規模でほしい商品を簡単に購入できます。国内のアマゾン、アスクル、ヨドバシカメラのようなネット通販では、注文した商品が当日、翌日には配達されてきますが、海外のネットショップなどでは、すぐには商品が届きません。たとえば、フランスのネットショップで洋服を購入してクレジットカードで代金決済した場合、この代金決済が完了した段階で、その商品の所有権が購入者に移りますが、商品自体が届くには数日間かかってしまいます。

このように、1つの商品の所有権が販売する側から購入者に移転し、同時に消費者から販売者にお金が流れる、このような売買に伴う取引とお金の流れを「商流」と言います。一方、実際の商品を注文されるまで倉庫で保管し、受注したタイミングで飛行機や船やトラックに積み込んで輸配送する流れを「物流」と言います。

●商流（商的流通）：受発注などの取引活動の流れ＋お金の流れ（交渉・契約・所有権の移転・代金決済・情報の移転など）

●物流（物的流通）：生産物（商品自体）の流れ（物流6大機能（輸配送・包装・保管・

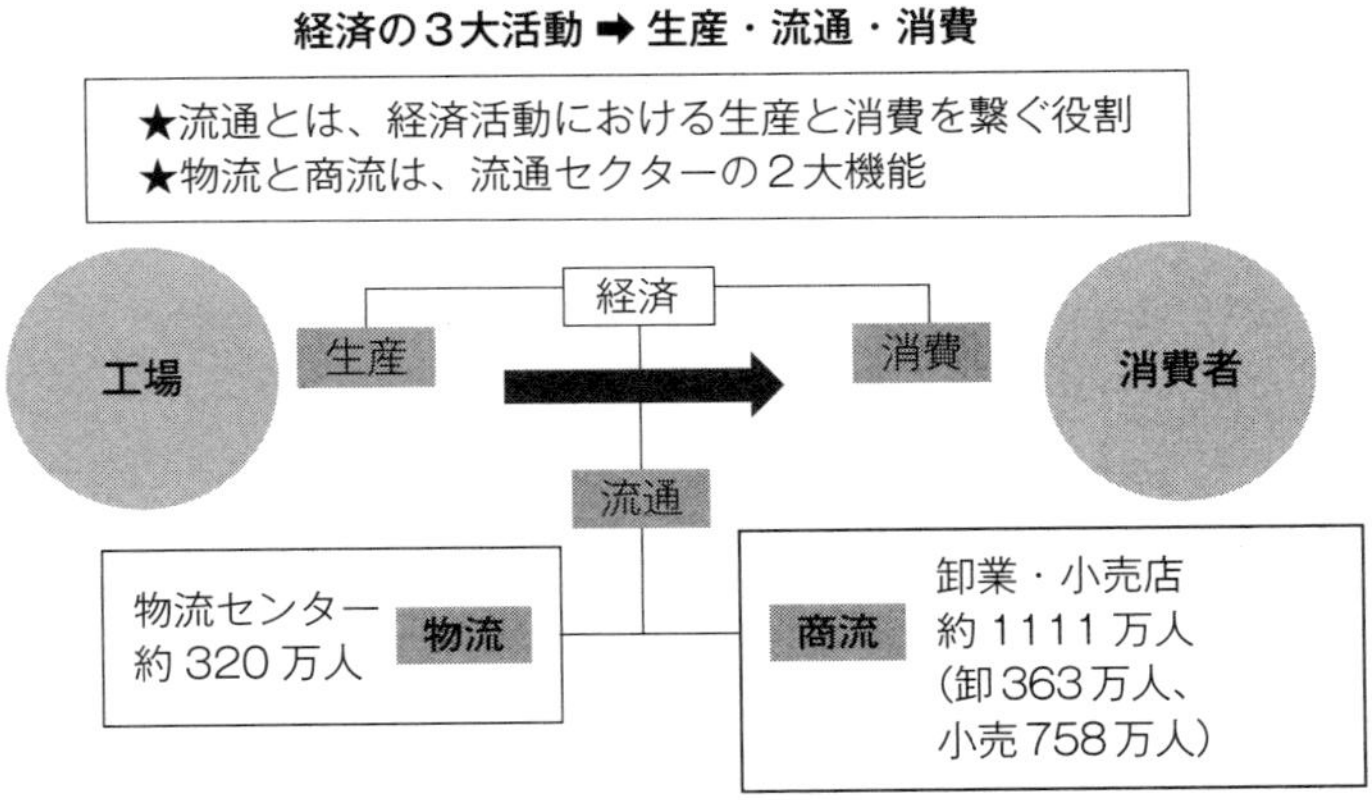


平成27年国土交通省資料より

**図**● 経済の３大活動

荷役・流通加工・システム））

　主に、商流に携わる流通業（卸売業や小売業）は、いかに消費者の好みにあった魅力ある商品を仕入れて、たくさん販売するかを仕事にしています。一方物流業は、適正な品質を保ったまま商品を保管し、注文があった商品を間違いなく、迅速にお客さまの求めるタイミングでお届けすることを仕事にしています。

　このように、経済の3大活動である「生産・流通・消費」の流れにおいて、生産者がつくったもの、獲ったもの（商品）は、お金（貨幣）との交換によって消費者に届けられます（流通）。この生産と消費の繰返しが経済活動であるのです。

# 吉野家：歩く必要のない店舗レイアウト

## ◇2度の経営危機を物流で克服

サラリーマンのお財布にやさしい吉野家の牛丼は、2017年11月現在、1杯380円で食べられます。しかし、なぜこのように低価格で提供できるのでしょうか。

吉野家は1980年に120億円の負債を抱えて倒産しました。また、2004年には牛肉のBSE問題で一時牛丼販売が停止するなど、2度めの経営危機を経験しましたが、流通や物流システムの強化などによってそれを克服してきました。

この2度にわたる経営危機を乗り越える過程で、2006年にはなまるうどんの子会社化、2007年には、経営不振に陥っていたステーキレストラン最大手のどん、フォルクス、しゃぶしゃぶどん亭のアークミールを子会社化しました。牛肉の調達面でのシナジー効果を出し、流通や物流の効率化を図ったことで順調に発展しています。

このように、吉野家では2度の経営危機の中で、調達物流、生産物流、販売物流を三位一体で効率化するために「商品・物流委員会」を立ちあげて、仕入れコスト削減や物流システム改善を継続的に行い、物流を強化してきたのです。

## ◇動線を考えた効率的なレイアウト

また、店舗レイアウトでも効率化を図っています。もっとも多い「U字型のレイアウト」では、手前がカウンター、奥が調理場となっています。「接客担当」は手前側で接客対応に集中し、奥で「調理担当」が牛丼をつくるという流れになり、動線がスムーズで、歩くムダを省いたレイアウトになっています。これにより、少人数かつ短時間で商品が提供できます。

一般的なラーメン店はカウンターの前で調理するので、端のお客さまにラーメンを出すには、後ろを通り抜けたり背を反らしたりして、ムリな姿勢を強いる効率の悪いレイアウトをしています。吉野家ではそうした非効率を徹底的になくしています。かがんだり、背を伸ばしたり、ムリな姿勢でものを取ったり、ムダに歩いたりしないような通路設計になっているのです。

## ◇ロボットで物流の効率化を

吉野家では最近、少子高齢化に伴う物流の人手不足に対応して、トヨタ自動車、ロイヤル（ロイヤルホストに食材を提供する）などとともに、産業用ロボットベンチャーであるライフロボティクス社の「ＣＯＲＯ（コロ）」を導入しました。コロは、狭小空間で人との協働作業を安全に行うことを目的として開発されたピッキング用の協働ロボットです。最先端の物流効率化の仕組みを導入して、積極的に物流の進化を遂げているのです。

## ドトール：1人で切り盛りできるカウンターレイアウト

### ◇し烈な競争を勝ち抜くために物流改革

日本最大のコーヒーチェーン・ドトールコーヒーは、２０１７年度ＪＣＳＩ（日本版顧客満足度指数）」で３年連続で満足度Ｎｏ・１を獲得しています。１９８０年に第１号店を出して以来、２０１７年９月末時点で国内１０１４ヵ所の店舗を展開し、関連のエクセシオールカフェなども合わせると総店舗数は１３４１ヵ所にもなります。

ドトールコーヒーショップの魅力はその安さです。ブレンドコーヒーＳが２２０円と、サラリーマンのほっと一息の休憩で安心して入れる喫茶店です。そして、その安さを支えているのが物流の効率化なのです。

チェーン展開をしていく過程で、まず１９８０年代に他社に先駆けて、千葉県船橋市に自社焙煎工場を建設しました。それまで職人芸に依存していた焙煎作業の機械化に取り組み、属人的な管理ではない調達物流の効率化を進めました。しかしその後順調に店舗数を伸ばす中で、急激に増えた店舗に対する物流体制が追いつかなくなっていきます。船橋の工場内の物流拠点では出荷スピードが間に合わず、外部倉庫を借りたり宅配便で出荷するなどムダな物流費が発生していました。

そうした矢先の１９９６年、アメリカから強力なライバル・スターバックスコーヒーが日本に上陸します。スターバックスのチェーン展開はあっという間に全国に拡大してドトールコーヒーの売上げを侵食し始め、売上高で追いつかれそうになります。

そうした中で２００３年、ドトールコーヒーはライバルとのし烈な競争を勝ち抜くために、物流の効率化を強力に押し進めます。まずは、生産部門に属していた「流通課」を営業部門に移し、商品部と並列する形で社内で「物流部」を発足させました。そして、物流、情報システム、商流の3分野を基軸として物流改革をスタートさせます。その結果、東西の焙煎2工場を中心として自社運営をしていた物流を外部の物流のプロに全面委託することになりました。２００４年3月のコンペの結果、日本アクセスに物流委託が決定します。こうして新物流システムを稼動させ、関東・関西のマザーセンターから、全国7ヵ所のフロントセンター（北海道・東北・関東・中部・近畿・中四国・九州）への物流体制が構築されました。さらに、新システム・キャプテンによる鮮度管理や店舗への三温度帯

（冷蔵・冷凍・常温）のお届けスピードアップと品質管理の向上が図られました。

### ◇効率化の原理・原則を保つ

このように、ドトールコーヒーは物流管理を徹底してコーヒーチェーンＮｏ・１の地位を築いていますが、その店舗も物流の原理・原則を守っています。店舗のカウンターの中は、１人で切り盛りができるようにと、レジとコーヒーマシンの距離を近くしてあります。カウンター内でムダに歩き回ることもなく、ワンオペレーションで効率よく顧客対応ができてしまうのです。初期の店舗では、レジとコーヒーマシンの距離が遠く、コーヒーマシン担当者とレジ担当者の２人でオペレーションをしていて、効率がよくありませんでした。生産性を向上させるために、１人で両方できるように改善して、一挙に効率が向上しました。

また、商品管理における包装の改善も行われています。ドトールのスティックシュガーの包装は、業界初の取組みで、紙ではなくプラスティックフィルムが使用されています。紙は湿気に弱く、ソーサーやテーブル上でも汚れやすかったので、清掃作業や在庫管理のムダを省く改善がされているのです。

このように、ライバルとのし烈な戦いを制したのは、物流の力でした。

# サブウェイ：物流改革で売上げと店舗数を拡大

## ◇17歳の少年がはじめたサブウェイ

サブウェイの世界店舗数は、2013年1月時点で3万8374店、マクドナルドの約3万4000店を超える世界最大の飲食店チェーンです。サブウェイは1965年の夏、フレッド・デルーカという17歳の少年がアメリカ・コネチカット州に開業した「ピーツ・スーパー・サブマリンズ」というサンドイッチ店からはじまりました。2号店、3号店とチェーン展開するうちに、お客さまと向かい合い、細かな注文に応えて目の前でつくるというオーダーシステムを開発していきました。日本では1991年にサントリーがフランチャイズ展開できる権利を取得し、子会社・日本サブウェイを設立しました。1992年3月、赤坂見附に1号店オープンを皮切りに、国内で400店以上の店舗を運営しています。

サブウェイは、潜水艦型のパンにハムや野菜をはさんだサブマリンサンドイッチが有名で、アメリカでは昔から愛されてきました。ファストフードではマクドナルドのハンバーガーが主流だったときに「サンドイッチ」のチェーン店として話題になり、オープン当日は約3000個も売れるほどの大人気を博し、その後順調に店舗数と売上げを伸ばしてきました。

しかし、アメリカ式の大型店舗では店舗内の動線やオペレーションのムダも多く、物流の効率化を図っていなかったサブウェイは、急激に売上げを低下させていきます。2003年には、1996年のピーク時より30％以上も売上げが減少してしまいました。

## ◇調達物流に工夫

こうした中で、サブウェイは日本の立地に合わせた店舗展開や物流の効率化を図っていきます。まず第1に、店舗の小型化に着手します。大型店舗では歩き回るムダが多く効率が悪いからです。結果として、赤坂見附店ではお店の坪数を当初の半分にし、それでも売上げは変わらなかったそうです。お店をダウンサイジングしたおかげで、土地単価の高い都心でも出店しやすくなり、店舗の拡大が進みました。

次に、野菜がたっぷり入ったサンドイッチでもっとも重要な、野菜の産地からの調達物流と、各店舗への物流改善に着手しました。野菜のように単価が安い原材料は、通常現地調達するチェーンが多いのですが、従来のJA経由ではなく、サブウェイが定めた農法で生産してもらう農家と直接契約をして、生産の全量を引き受けるなど、効率の良い調達物流の改善を重ねました。全国の契約農家から収穫された野菜（レタス、トマト、ピーマン、タマネギ、オリーブ、ピクルスなど）は、足立区にある野菜加工工場に集めて加工します。野菜が工場に届くまでのコールドチェーン（低温物流）を整備し、5℃以下で輸配送する低温管理を徹底しました。また、サンドイッチ用のカットレタスは、空気を微量だけ残して野菜を生きたまま保存できる「脱気パック」という方法で、店舗まで鮮度を保ちながら配送できる体制を整えました。

さらに、サブウェイではパンを毎日店舗で焼いています。ふっくらと膨らむ前の冷凍のパンを運んでいるので輸送費も抑えられ、焼きたてのパンはお客さまにも評判となりました。

このように、サブウェイは物流面での改革によって、売上げの回復と店舗数の拡大につなげています。

## ◈絶え間ない物流の効率化

サブウェイの店舗は、ガスを一切使用しないオール電化、また油を使用しないのでダクトが不要という特徴があり、厨房投資額も低く抑えられています。さらにキッチンがなく、お客さまの目の前で具材をトッピングして、右から左にサンドイッチを流して最後に会計をするという、工場の製造ラインのような効率的な店舗設計がなされています。

最近では、遠方の産地でとれた野菜を物流コストとエネルギーをかけて輸送するのではなく、「店産店消」をコンセプトとして新鮮な野菜を提供するために、東京・丸の内や大阪のグランフロントなどで、店内に植物工場を併設した新しいスタイルの「サブウェイ831（野菜）ラボ」といった店舗をつくっています。このように、サブウェイは、物流の効率化により進化し続けています。

第1章

# 物流の6大機能

STORY

## わが社の物流の問題点ってなんだろう？

株式会社 マツユウ
ここ もう少し詰めましょうか
その方がスタイル良く見えるでしょ
やり直して
つぐみ A社の納品の件なんだが…
はい
はい 専務
…っていうか名前で呼ぶのやめてよパパ
示しがつかないじゃない

私がアサインしたからには思ったことビシビシ言ってくから
しかもデザイナー目線でね
それは頼もしいが…A社への納品が二週続けてトラブルだ
オリジナルブランドを打ち出すのも結構だが倉庫が混乱してる
ええ？混乱って？どうしてそんなことになるの？
工場からきたもの送るだけじゃないの
すみませんお客さまからお電話が…
うちのネット通販で購入なさったそうなのですが商品が届かないと
責任者を出せとおっしゃるんですけれど…
え!?
私出るわ
もしもしお電話代わりました…

ちょっといつ届くのよ!?
明日着ていく予定だったのに!!
たたた大変申し訳ございません…!
あのね言いたかないけどこないだも別の商品が届いたわ
交換すりゃいいってもんじゃないでしょ!?
どうなってるのよ!?
い…今からお届けに上がりますので…
バカ言わないで私 北海道よ!
アンタんとこ東京でしょ!?
本当に申し訳ございません すぐに確認して発送いたしますので…
ハーーもうやんなっちゃう
ピ
はぁ…どうなってんのよ
ちょっと倉庫に行ってくるわ

クレームがありました！
この注文番号誰が出荷したんですか⁉
えっ…ちょっと調べてみます
…これ何？もしかしてクレーム？
ああっ…そ　そうですそっち側は処理したものですが…
あった…！すみません未発送です
近頃注文が増えてて…
そんな言い訳…単なる凡ミスじゃないの！
すぐやって!!

株式会社 マツユウ
そうよ注文は増えてるのよ！
私の路線がうまくいってないわけじゃない…
だけどこのままクレームが拡大する前になんとかしないと…
ド検索
倉庫 管理 改善
カタカタ
カチカチ
カチッ
TOPIC
物流コンサルタントが語るこれ
この顔…どこかで見たような…
?

あーーーっ!!
たとえばあなたが宅配便のドライバーだったとして…
あっ　これって物流の基本なんですけど
物流コンサル…? そんなジャンルのコンサルタントいるんだ…
いかに最短ルートでお客さまに商品を届けるか考えるでしょう?
最短ルートでお客さまに商品を……
なんか気になるわね…
そうよ モノが良くても届かなきゃ意味がないわ
あの人の言うことになにかヒントがありそう…!
Bouldering

すみません！
よかった いた
はい？
あなた 物流コンサル なんですか？
ええ そう ですが…
あなたは どなた です？
こないだ いきなり 説教… アドバイス された者 ですっ！
ああ！ オブザ ベーション のヘタな!!
ヘタです よねえ あなた!?
ヘタヘタ 言わないで くださいっ
うれし そうに!!!
あの…こないだの お話が気になって…
運送会社の ドライバーが どうの…

ほう？物流に興味が？
物流…って何なのかよくわからないんですけれど
私 アパレルのデザイナーなんです
商品には絶対の自信があるんです
実際 注文は増えてるんです
でも倉庫のスタッフが気が利かなくて…
ほう？
注文が増えるにしたがってクレームも増えてるんです
これってしょうがないんですか？
効果的な倉庫管理とかご存知かと思って…

それは倉庫だけの問題ではないかもしれませんよ
注文が増えるにつれてクレームも増える…
その状態を放置すると収益も思うように上がらなくなります
収益？
クレームと収益に何の関係が…
かんたんに言いますと生産者がいて消費者がいる…
消費者の注文に対して商品を発送するわけですよね
生産者
商品
代金
消費者
その対価として代金が入金される
そして実際にはここはとても複雑です
それぞれにコストがかかり
生産者
COST
COST
COST
COST
消費者
ここがスムーズでないということはコストの増加を意味します

コストがかかれば受け取った代金…つまり収益をじわじわと圧迫していく
生産者
COST
COST
COST
COST
消費者
それが「物流」です
あ……
なるほど…そう言われるとすごく大事な気がするわ
考えたことなかった
川上から川下まで物流全体を見ることが大切なのです
物流の6大機能はご存知ですか？

6大機能？
そうです どれかひとつが 滞っても うまく機能 しません
①輸配送
②保管
③包装
④荷役
⑤流通加工
⑥情報処理
…てっとり早く 対策だけ 聞きたいん ですけど
全体を 知らなくては 今後のために ならない
…わかったわ 聞くわ
クソ まじめ…
まずは ①輸配送
荷物を 生産者から消費者に 移動させる活動で 物流コストの 約60％を占めます
消費者
生産者

「輸送」と「配送」はちがうの？
長距離
大量
A地点
B地点
「輸送」は一次輸送ともいわれ長距離・大量の輸送を行います
A地点からB地点へ運ぶことです

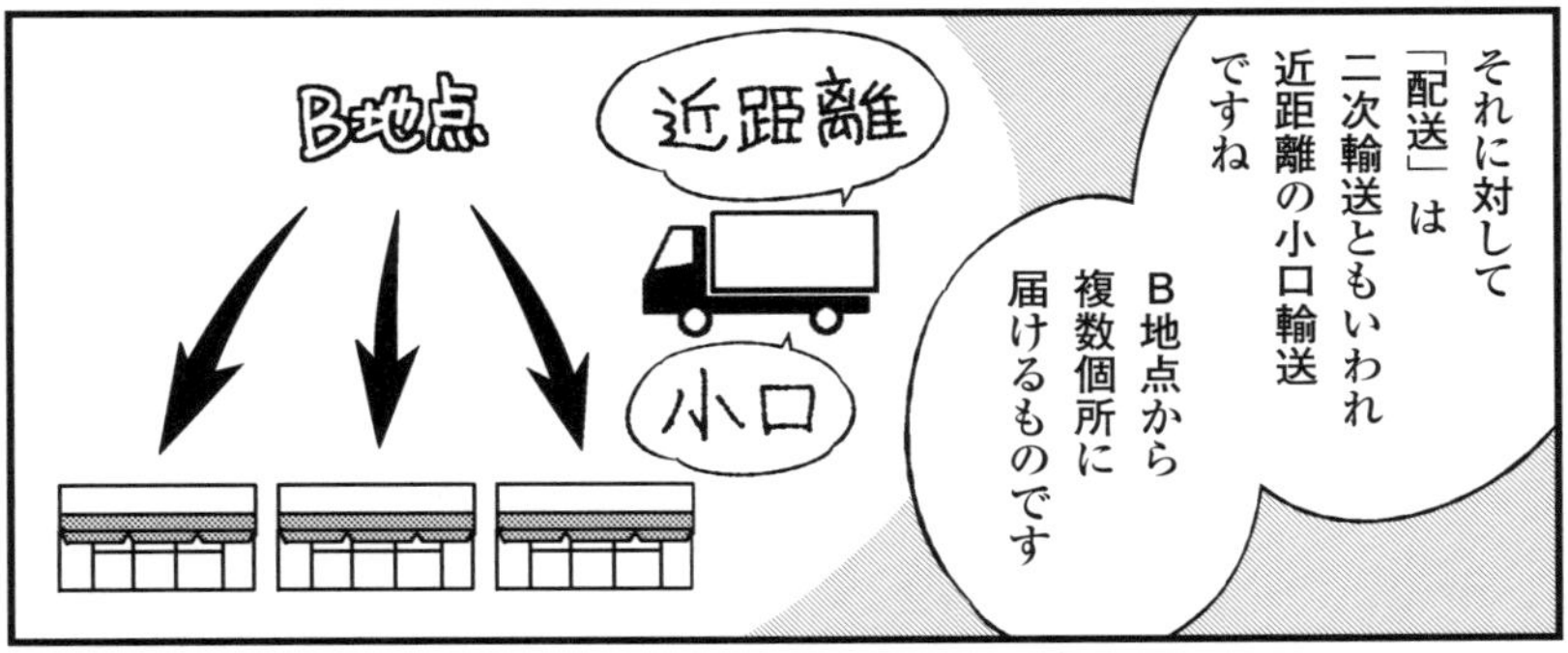
それに対して「配送」は二次輸送ともいわれ近距離の小口輸送ですね
B地点から複数個所に届けるものです
近距離
小口
B地点

グローバル化した今日の世界ではこれら４つの手段で運ばれています
国内ではトラックが全体の約90％を占めます
トラック
船
鉄道
飛行機
そんなに!?
すごいわねトラック

そして②保管
物流センターなどの保管機能をつかって生産者と消費者の時間的格差を調整する機能です
物流センターで保管する商品の価値を維持する活動も含まれます
商品価値の維持？
冷凍や冷蔵のように温度管理が必要な商品もあるでしょう
アパレル商品なら湿気は大敵です
なるほど…保管が機能してないとくさったり虫がついたりして商品価値がなくなるってことね

③包装……
生産されたものはそのままでは輸配送できませんよね
傷ついたり壊れたりしないための包装が行われます
あぁプチプチとか…？
それも一例ですね
包装は重要です
基本的には一度により多くの商品を傷つけずに運べるのが望ましいわけです
包装の仕方ひとつで物流活動全体の効率が決まるといっても過言ではありません
商品パッケージから考えることもありますし
プチプチや段ボールひとつとってもコストや効果が大きく変わります

④荷役…
倉庫や物流センターで荷物を運搬する活動です
ああ…
フォークリフトで運ぶみたいな？
ええ
そうなんですが…

それだけではなく6つの作業があります
①荷揃え
②積み付け／積卸し
③運搬
④保管（棚入れ）
⑤仕入れ
⑥集荷（ピッキングなど）

あぁ　このそれぞれについてムダを省かないといけないのね
けっこうたいへん
はい
物流の6～7割は移動時間ですからムダな荷役作業はコスト増につながります

⑤流通加工
入荷してきたケース商品をバラしてお客さまの求める単位に仕分けてパッキングし出荷します
このように入荷時の荷姿から要望に応じた荷姿に変えることを「流通加工」といいます

輸入ワインのラベル貼りかえやアパレルの検針作業
百貨店ごとの値札付けや書籍の短冊入れなどもこの段階で行われます
ふうん…文字どおり流通させるための加工ってことね

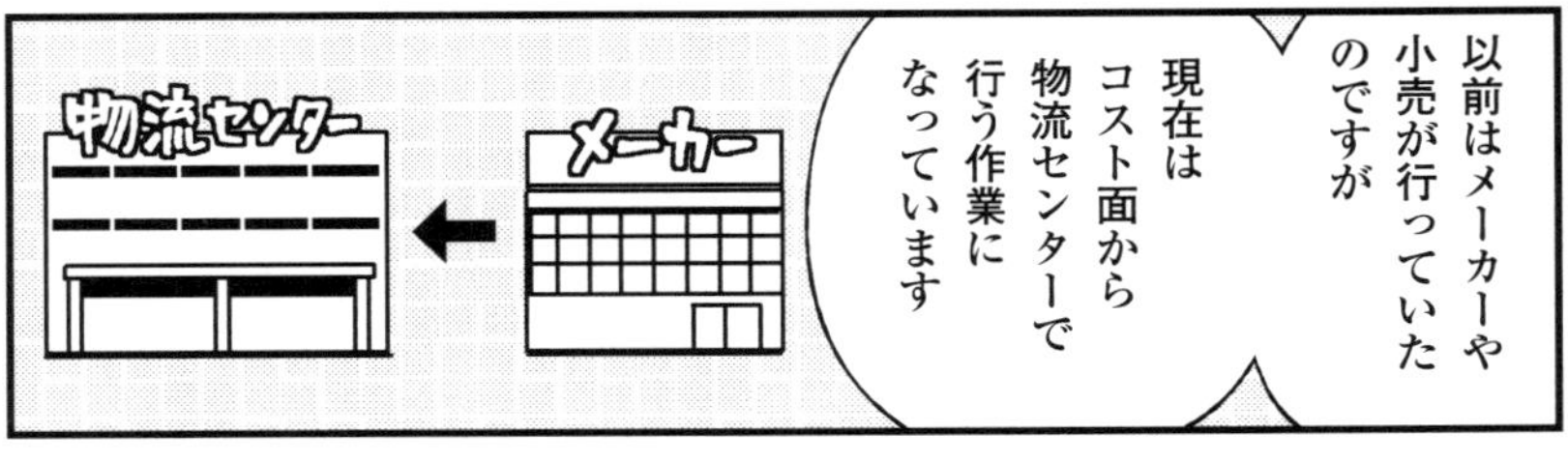
以前はメーカーや小売が行っていたのですが
現在はコスト面から物流センターで行う作業になっています
メーカー
物流センター

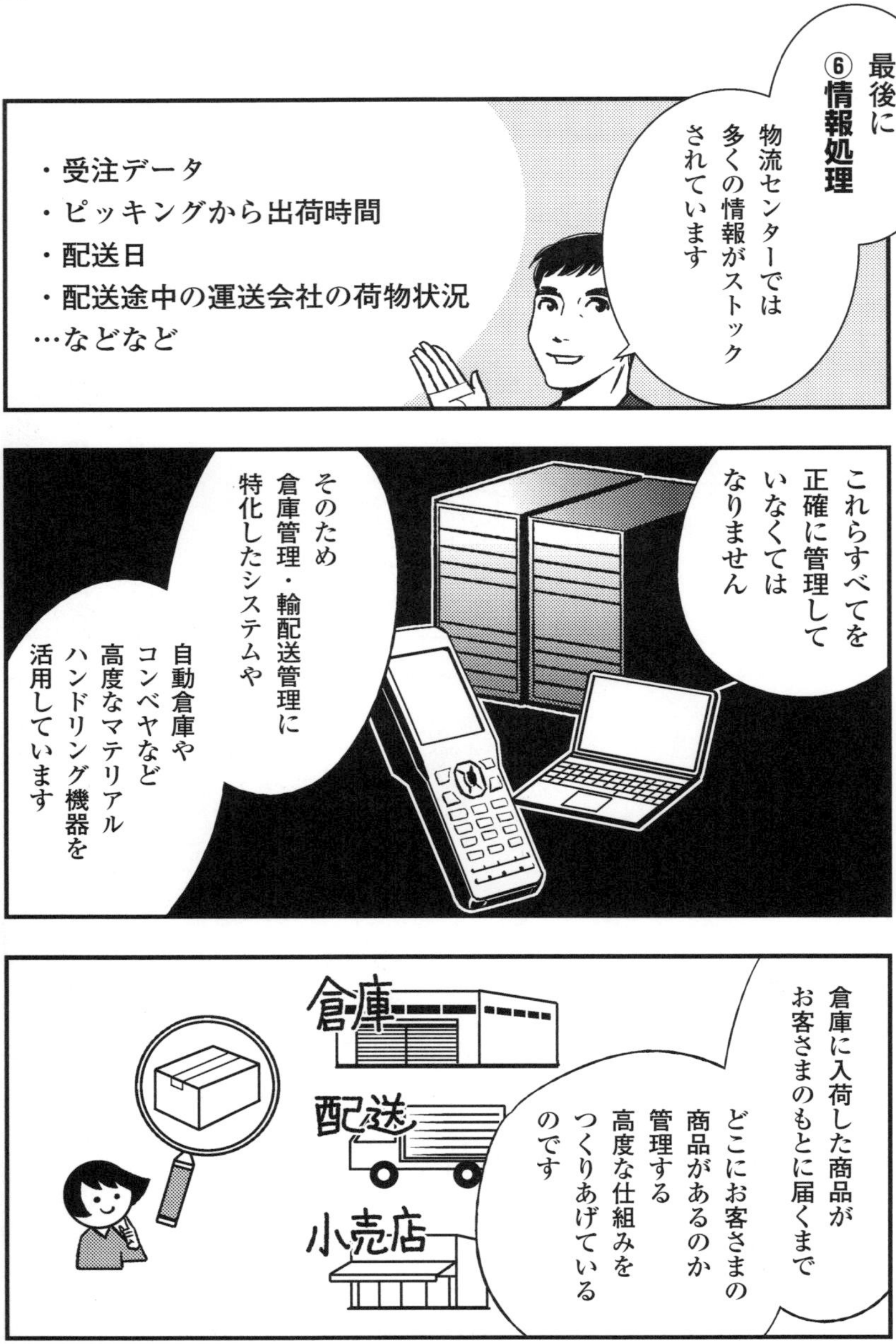
最後に ⑥情報処理
物流センターでは多くの情報がストックされています
・受注データ
・ピッキングから出荷時間
・配送日
・配送途中の運送会社の荷物状況
…などなど
これらすべてを正確に管理していなくてはなりません
そのため倉庫管理・輸配送管理に特化したシステムや
自動倉庫やコンベヤなど高度なマテリアルハンドリング機器を活用しています
倉庫に入荷した商品がお客さまのもとに届くまで
どこにお客さまの商品があるのか管理する高度な仕組みをつくりあげているのです
倉庫
配送
小売店

…以上が物流の6大機能です
輸配送 保管
包装 荷役 流通加工 情報処理…
すごいわ 考えたこと なかった
物流って 複雑なのね ……
このうち どれかひとつが モタつくと 商品が注文どおり 届かないって ことでしょ?
はい コンビニなどは 良い例ですが ほしいものを 必要なときに 必要なだけ 買えるのは 整った物流 あってこそです
災害時に 救援物資の 受け渡しの 輸配送の混乱を 耳にしたことは?
ああ 避難所にモノが 届かないとか ありましたね…

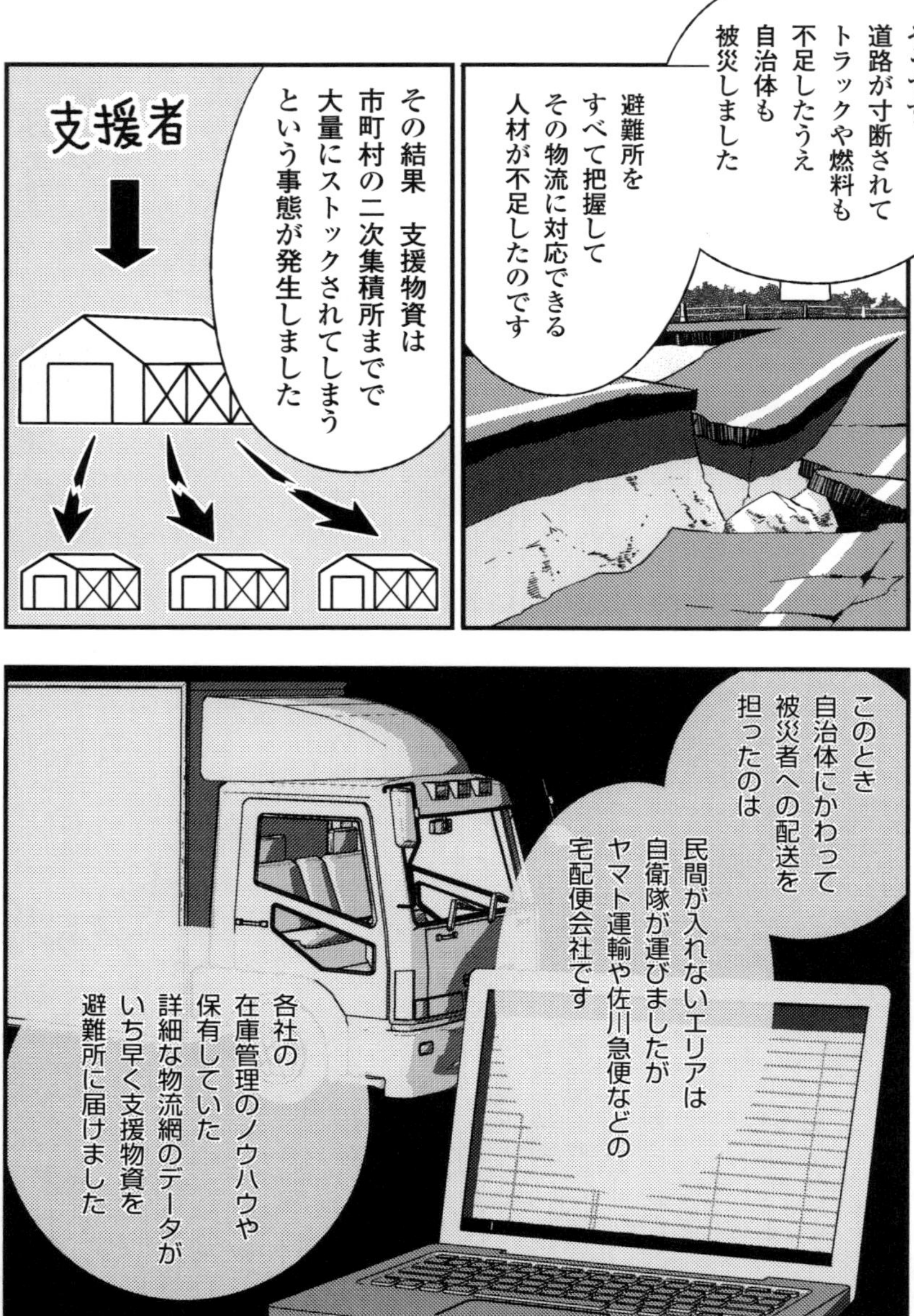
そうです　道路が寸断されて　トラックや燃料も　不足したうえ　自治体も　被災しました
避難所を　すべて把握して　その物流に対応できる　人材が不足したのです
その結果　支援物資は　市町村の二次集積所までで　大量にストックされてしまう　という事態が発生しました
支援者
このとき　自治体にかわって　被災者への配送を　担ったのは
民間が入れないエリアは　自衛隊が運びましたが　ヤマト運輸や佐川急便などの　宅配便会社です
各社の　在庫管理のノウハウや　保有していた　詳細な物流網のデータが　いち早く支援物資を　避難所に届けました

いかに物流が生活の命綱かってことよね…
わかっていただけましたか
そうです！物流は重要であり奥が深い!!
あなたももっと物流を知るべきです！
ええとてもよくわかりました
!!
とりあえずわが社の物流を見直してみます！
そうですか！検討を祈ります!!
わが社の物流の問題点とはなんだろう
倉庫管理の人かな

とりあえず クレームを 減らさないと
株式会社 マツユウ
えーと 物流の 6大機能で 考えると…
在庫切れが ないように 商品は 多めにつくって ちょうだい
倉庫では ダブルチェック すること
商品 間違いは 絶対に なくして
返品交換 だって タダじゃない んだから
すみません 今日も クレームが…
なるほど…
航空便 つかって
航空便… ですか？

ええ
一刻も早く
お届けしたい
から
航空便の
ほうが
早い
でしょ?
はぁ…
既存事業も
私のブランドも
絶対に成功させて
みせるわ
そうよ
私のデザインが
悪いわけないい!
物流…
いいこと
聞いたわ
あの人
使える
わね…!!
くしっ

第1章

# 物流の6大機能

## 1-1 ものを運送する：輸配送

### ◇一次輸送と二次輸送

輸配送という言葉には、2つの意味があります。英語では輸送（Transportation）、配送（Delivery）となり、その違いがわかりますが、日本ではどちらも運送と言い換えることができ、輸配送とは広義の意味で運送だと言えます。

輸送とは、輸配送での「一次輸送」のことで、海外をはじめとする原材料調達地、工場、倉庫、卸売店、小売店、物流センターなどの拠点間でものを運送することをいいます。たとえば、工場で生産された製品をまとめて地方の倉庫へ運ぶ、メーカーから卸売店や小売店、物流センターへ製品をまとめて運送するなどが輸送です。トラック輸送、鉄道輸送、船舶輸送、航空輸送、これらは4つの輸送機関、輸送モードと呼ばれ、大量にものを運ぶ手段となっています。

一方、配送とは輸配送での「二次輸送」です。拠点網でも消費側のデポやストックポイント、物流センター、営業倉庫などから複数の得意先へ配達する、問屋から複数の小売店に配送するというように、近距離で必要最小量のものの移動を指します。配送では、主に小回りの効くトラックなどの自動車が活躍しています。

では、国内での輸送4モードにおける役割を、分担率が高い順に説明しましょう。

## ◇輸送量で全体の9割強を占めるトラック輸送

私たちがふだん目にする輸送機関として圧倒的に多いのはトラック輸送です。トラックに依存しているのは、私たちの活動拠点が陸地であるからです。また、船舶・鉄道・航空のターミナルへものを運ぶのもトラックです。

トラックは、それだけ私たちの身近な輸送機関であり、時間的に融通が効く、指定した場所へものを運べるなどが特徴となっています。

## ◇長距離大量輸送に強い船舶は8％弱

船舶輸送では、国内路線を内航海運、貿易を担う外国路線を外航海運と言います。内航海運は国内輸送の8％弱を担っており、トラックに次ぐシェアを持っています。

船舶輸送は、たとえば工場で生産された製品や部品の地方間輸送、機械などの大量移送、外航海運で寄港した大型船舶から製品やコンテナを内航海運で国内地方港湾に移送するときなどに利用されます。

また、日本は何千もの島から成り立っているので、島間の運送は小口少量貨物であっても船舶を利用せざるを得ないという事情もあります。1回の航海で大量のものを運送でき、コストメリットが高いという点も、船舶輸送の特徴となっています。

## ◇トラックの長距離輸送に代替される鉄道輸送はたったの1%

最近はトラックのドライバー不足が社会問題となっています。また環境問題で$CO_2$削減を余儀なくされているトラック運送業界では、長距離輸送の一部を鉄道コンテナ輸送に委託する場合があります。

鉄道輸送は、主要路線ならば1運行に10トントラック60台分ものコンテナ輸送ができ、$CO_2$の排出量原単位（貨物1トンを1㎞輸送したときの排出量）が営業貨物トラックの約10分の1、船舶でも2分の1程度とかなり低く抑えられます。また、輸送コストもトラックに比べて安価なので、環境にやさしい輸送、低コスト輸送として注目されています。

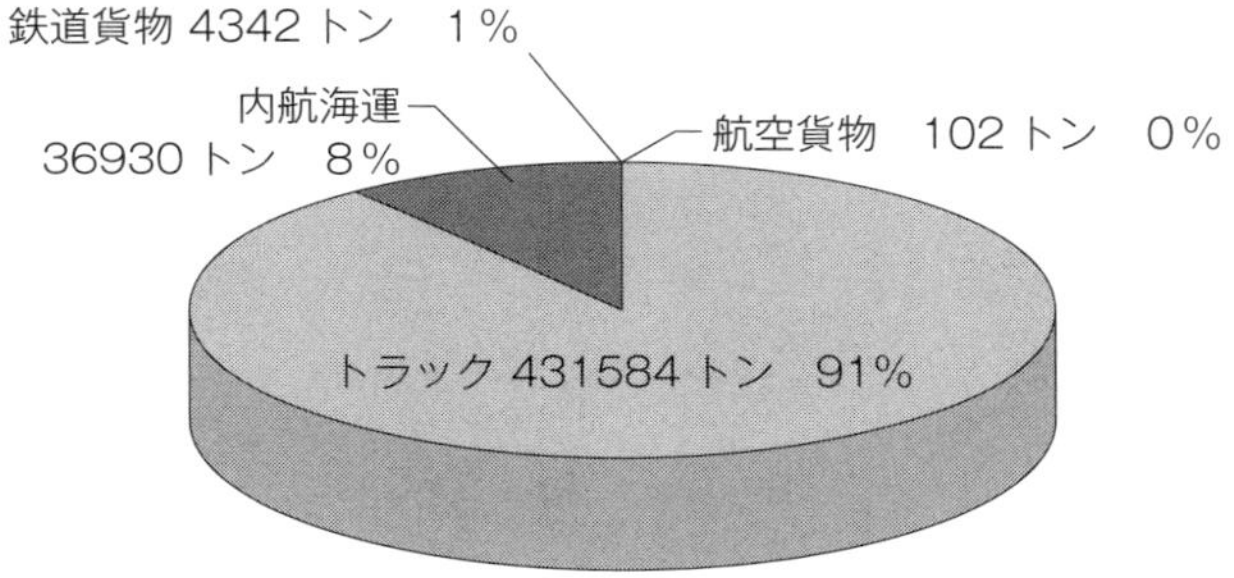


国土交通省　平成28（2016）年版交通政策白書データより抜粋

**図1・1** ● 2014年度　貨物輸送量の分担率

## ◇スピードで他を圧倒する航空輸送は1％にも満たない

長距離をいち早く輸送する手段として、航空輸送に勝るモードはありません。しかし旅客運賃と同じく、コスト面で他のモードよりもかなり割高になってしまいます。

そこで、緊急品や鮮度が要求される食品、安全性と速さを求める高額商品などが航空輸送の対象です。このように利用目的が限られているので、航空輸送のシェアはわずか0・02％となっています。

# 1-2 ものをストックする：保管

保管の第一の目的は、顧客へのＪＩＴ（ジャスト・イン・タイム：ほしいものをほしいときにほしいだけ供給する仕組み）に対応するために、製品や商品を必要量だけストックすることです。

在庫を多く持つとその分保管料も増えるので、最近はこのコストを極力抑えるために、需給バランスを計算して必要最低限まで在庫を減らす努力をしています。その理由として、

・小売店が在庫を持たないようになってきた
・通販の発達によって出荷の多品種少量化が進んだ
・限られた倉庫スペースで多くの品種をとり揃えておかなければならない
・売れずに在庫過多になる商品を増やさないようにする

などがあげられます。

## ◇必要量だけストック

在庫を持ち過ぎると、保管・作業スペースが狭くなり、商品の入替えに時間を要したり、出荷作業のスピードが鈍化してしまうなど、倉庫作業全体の効率が低下するという悪

循環が発生します。

倉庫や物流センターは、受注を受けると速やかに出荷しなければなりません。そこで内部のリードタイムをいかに短縮するか（作業のスピード化）がテーマとなります。

リードタイム短縮のためには、倉庫内の番地付けの整備（ロケーション管理）や適切な通路幅、適切な作業スペースの確保も必要となります。そして在庫管理では、保管効率を念頭に置きながら、多く在庫しないよう、また欠品が発生しないように在庫量を調整する必要があります。

## ◇在庫管理は数量管理

在庫管理には2つの役目があります。1つめは数量管理、もう1つはロケーション管理です。

在庫はその所有者の資産（お金）であり、在庫を預かっているということは、資産を預かっているのと同じです。つまり在庫管理とは、所有者に代わって資産を数量ベース管理することであるのです。

在庫の所有者は、決算のために年間1～数回の棚卸（資産勘定）という作業をします。その棚卸作業で在庫の差異（情報システム上の数量と現物の数量が異なる状態）が発生し、とりわけ現物在庫の方が少なかった場合には、所有者の資産をなくしてしまったことになります。そこで在庫管理は、物流上でも重要な管理に位置付けられます。

在庫は、よく回転していれば（出入りが多い状態）販売による現金化が早いということなので、所有者のキャッシュフローは良くなります。また、倉庫現場にとっても、作業スペースの確保ができ、効率のよい作業ができるので、収益が上がる（作業料が増える）ことになります。そこで、在庫回転数や在庫回転日数は、物流でも重要な指標（物流ＫＰＩの1つ）とされています。

## ◇ロケーション管理は保管場所の管理

倉庫にはさまざまな規模があります。とくに広い倉庫では、どこにどの商品が保管されているのかを誰もがわかる仕組みを持っていなければなりません。郵便や宅配便が配達先を特定して速やかに届けられるのは、配達先の都道府県、市町村、番地、そしてビル名や号室がわかっているからです。倉庫もこれと同様に、受注した商品がどこに保管されているかを特定するために、保管されている棚間口に番地を付けてやることをロケーション管理といいます。これによって、商品を探しやすくするのです。

番地の付け方としては、たとえばA倉庫の2階の手前から5列目の右から3番目の棚

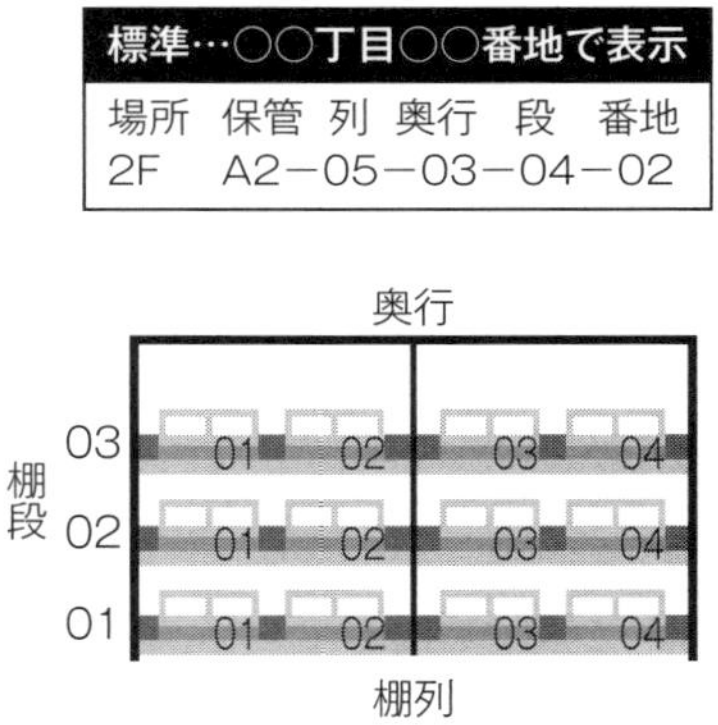


**図1・2** ● 棚に適正なロケーション番号を設定

で、その棚の上から4段目、右から2つめの間口に目的の商品が保管されているならば、A2－05－03－04－02と表示すればよいでしょう。

ロケーション管理には、固定ロケーションとフリーロケーションの2つの方法があります。固定ロケーションとは、ある決められた番地に決められた商品を保管する方法です。アイテムと番地が1対1の状態です。一方フリーロケーションとは、空いている棚間口に、そこに入る大きさの商品を自由に保管する方法です。しかし、どの商品が入っているのかがわからないので、システム化された在庫管理が条件となります。

## 1-3 あらゆる場面で発生する物流作業：荷役

荷役とは、倉庫や物流センター、港湾や空港、貨物駅などの拠点でものを移動する活動のことで、物流の生産性と品質に非常に大きな影響を与えています。

荷役は、物流の世界ではマテリアルハンドリング（material handling：人の力だけでなく道具や機械を使って行う作業）と言い、略してマテハンと呼んでいます。もともとは港湾での船積み・荷下ろし作業、貨物駅での貨車からの積み下ろしのことしたが、今では物流のあらゆる場面で発生する作業全般をマテハンというようになりました。

ものが大量消費されはじめると、人手作業だけでは効率が悪くなりました。そこで多くのものを一度に移動させるために、道具や機械を利用するようになりました。たとえば、台車、フォークリフト、ローラーコンベヤによる移動、自動仕分機による仕分けなどで、さまざまな道具や機械が作業のスピード化に寄与しています。これらの機械のことをマテハン機器と言います。

## ◆荷役の6つの作業

さて、荷役には次の6つの作業があります。

①　荷揃え

出荷指示書に従って出荷するものを集めた（集品）後、同一方面へ運ぶものをひとまとめにして揃えることです。まとめる方法として、段ボールに詰める、パレットに載せるなどがあります。

②　積付け／積み下ろし

トラックの荷台やパレット上にものを規則正しく積む作業を積付けといい、それらのものを崩して台車などに載せる、または地面に置くことを積み下ろしといいます。

③　運　搬

倉庫内で別の場所へ品物を移動させる行為をいい、人手による運搬をはじめ、フォークリフトやローラーコンベヤ、エレベータや垂直搬送機などの機械を使う場合もあります。また、物流センターの構内にある倉庫間をトラックなどで移動させることも運搬に含まれます。

④　格納・保管（棚入れ）

保管場所にものを置いておくことを格納・保管（棚入れ）といいます。自社、他社を問わず、ものは企業の資産ですから、数量や品質の管理が必要です。このように、保管場所に置かれたものを在庫といいます。

⑤　仕分け

入荷した品物を保管場所別に分別する、また、出荷するために保管場所から持ち出したものを配送先別に分別することをいいます。入荷での仕分けミスは在庫数のズレに、また出荷での仕分けミスは、間違ったものを間違った数量で納品する結果となり、クレームの原因となるので、正確性が求められます。

⑥　集　品（ピッキング）

出荷すべきものを出荷場所へ集めることをいいます。物流業界ではピッキングといわれます。出荷指示書に記載されたものを正しい数で集品する正確性が求められる作業です。

## ◆荷役の一部である検品作業

検品は、荷役の中に含まれる重要な作業です。入荷時、出荷時、加工時それぞれに検品作業があります。入荷したものの品名や数量、出荷するものの品名や数量、加工したものが指示どおりに加工できたかどうかをチェックする機能です。検品せずに入荷、出荷、加工を行うと、棚卸時に在庫差異が発生するだけでなく、注文と違うものが入荷されたり、出荷してしまったりして、取引先からクレームを受けることになります。

検品は、人の目視による検品をアナログ検品、機械を用いる検品をデジタル検品と言います。アナログ検品は多くの手間と時間を要するので、すべてにバーコードやＱＲコードを貼り付けて、デジタル検品に移行する企業が増えています。デジタル検品は、手間と時間を短縮させるだけでなく、検品の正確性も格段に向上させます。ただし、導入するには、入荷・出荷形態、商品の特性、費用対効果を考慮する必要があります。

## 1-4 品質を維持し、付加価値を高める：包装

包装には、商品品質の維持、手に取る際の期待感を演出するというように、付加価値を高める機能があります。物流では、コスト削減につながる工夫によって、商品価格を低減するという役目もあります。

包装は、商品自体を守るという役割があります。商品は多くの拠点を経由し、そこで積み替えられることが多いので、損傷するリスクが高いのです。また、医薬品や食品などのように温度に敏感な商品は、遮熱材、断熱材を使用した包装が必要になります。

また大型の精密機械は、上下左右からの衝撃に耐えられ、フォークリフトなどのマテハン機器で移動しやすいように木枠梱包などが施されます。さらに液体などは、ドラム缶やプラスチック容器などで保管、輸配送されます。

## ◇包装の3つの種類

包装には外装、内装、個装という3つの種類があります。まず外装は、輸送中の衝撃やきず、汚れから内装品を守るための包装で、箱・袋・樽・缶などの容器に入れて商品を守る包装です。

次に内装は、その内部の個装された商品を販売単位に束ねる、まとめるという役割のほか、目に見えない商品イメージを印刷して、購買の期待感を高めるという役割もあります。小売店では内装そのものが購入されるので、内装＝商品として捉えられています。

最後に個装とは商品個々の包装で、商品の価値を高めるため、または物品個々を保護するための直接包装のことです。保管、輸配送時だけでなく、小売店での商品陳列においても、水・湿気・光・熱・衝撃などから商品を保護するための包装です。たとえば、ポッキーは、内装という化粧箱の中に、個装という軟らかいアルミ素材の袋に包まれて入っています。

## ◇適正包装の5つの条件

工場で作られた商品が消費者の手に届くまでには、トラックに積み込まれたり、倉庫に保管されたりします。そこで商品が壊れずに届けられるかどうかは、製造時や中間流通拠点での包装の良し悪しで決まります。

では、適正な包装とはどのようなものなのでしょうか。以下の5つの条件を守ることが、中身を守るために、需要なポイントになります。

① 保護性（もっとも経済的に機能を発揮できる包装になっているか）
経済面を考えないと、中身の保護を優先して厳重に包装してしまいがちです。包装費が高くつき、容積・重量も大きくなって、保管費・輸送費は高くなってしまいます。

② 作業性（製造工程とのつながりがよい包装になっているか）
製造工程のレベルにあったスピードで包装ができないと作業の流れが遅くなって、生産性が低下してしまいます。

③ 荷役性（物流現場での商品の荷扱いがしやすい包装になっているか）
商品の包装も含めて、大きすぎたり重すぎたりすると、荷扱いがしにくくなり、商品を破損させたり、カドを凹ませたり、足に落としてケガをしたりと、物的、人的損失を生む可能性が高くなります。

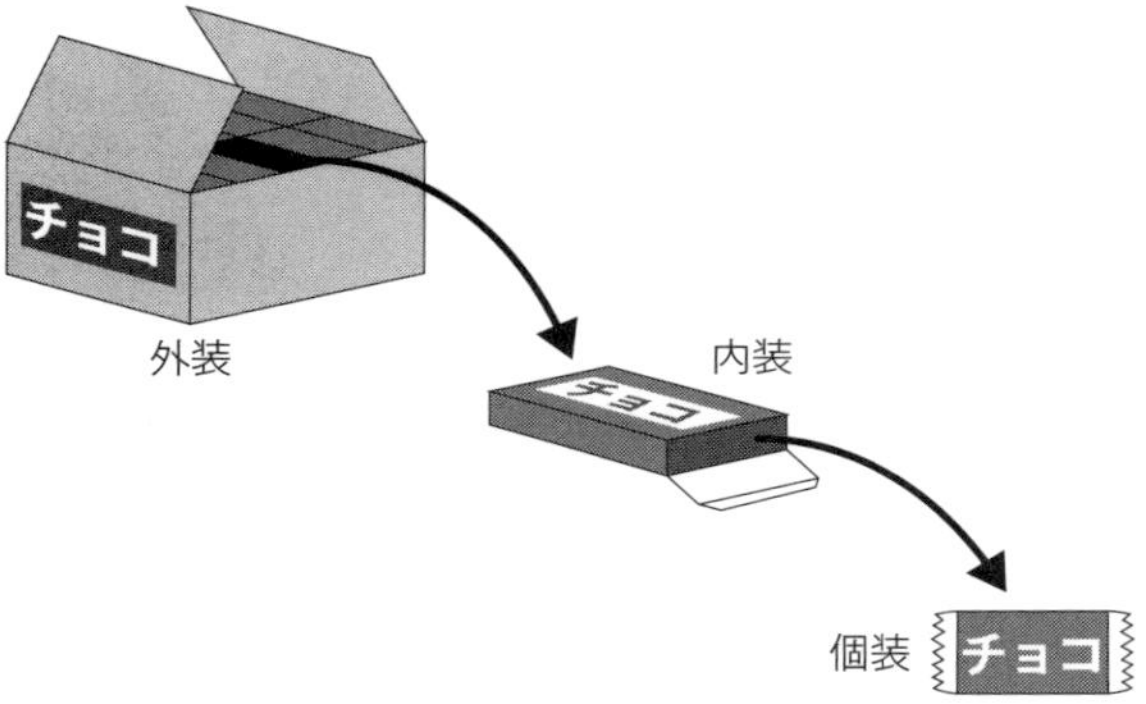


**図１・３●**包装の３つの種類

④　販売促進性（お客さまにとって、開けやすい包装になっているか）

壊れては困るからと厳重に包装されていても、簡単に中身が取り出せないと、お客さま側での利便性が下がり、販売ロスにつながってしまいます。また、内容品の表示が見づらく、隠れてしまうような包装では、思っていた商品と違うからと返品されてしまう要因になってしまいます。

⑤　廃棄処理性（包装資材の廃棄処理が容易にできるようになっているか）

近年は、環境問題などによって廃棄物に対する規制が厳しくなっています。包装も中身を取り出した後はゴミですが、これを再生することができれば資源にすることができます。ゴミは廃棄するのに費用がかかりますが、資源として再生すればムダが発生しなくなり環境にもよいのです。

## 1-5 販売する形に変える：流通加工

食肉や野菜は、生産地から出荷された状態ではスーパーの店頭には陳列できません。そこで、物流の中間地点で販売できる形に変える必要があります。これを流通加工といいます。

流通加工は、物流センターなどの物流中間地点や小売店で、入荷した製品の形を変えて、あるいは組み立てて出荷する作業をいいます。食品だけでなく、機械や消費材、装飾品に至るまで、消費者が使いやすいように物流のライン上で製品加工が行われています。これはその製品に付加価値をつけるために行われます。

### ◇さまざまな流通加工

アパレル業界の流通加工といえば、タグに値札を付ける、採寸するなどが代表的です。

食品業界では、食肉や野菜を食べやすい大きさ、調理しやすい大きさに加工する、味付けするなどがあげられます。また、輸入食品に日本語表示のラベルを貼ったり、パソコンのセットアップをする作業も流通加工です。そのほか、自転車のパーツを入荷して組み立て、ブレーキ調整やタイヤに空気を入れて出荷する、福袋や贈答品のセットを組む、ダイレクトメールのサンプル封入、生花の加工などの作業も流通加工です。

こうした流通加工は、おもに小売業者や小売業の下請け企業が行っていましたが、現在は物流各社が積極的にこの作業を請け負っています。

たとえば、滋賀県にある甲西陸運では、蛍光灯メーカーから直接組立作業を請け負うだけでなく、蛍光灯のカバー成形から資材の調達まで、工場の仕事を代行しています。

これによってメーカーの工場から物流センターまでの横持ち運送費（売上げに直結しない運賃）が削減されるだけでなく、メーカー自体で工場や倉庫をもつ必要がなくなり、物流コストが削減できます。さらに、甲西陸運では、メーカーとの出荷（受注）情報の共有によって、ＪＩＴ（ジャスト・イン・タイム）の実現に向けた在庫をもたない物流に取り組んでいます。

## ◆流通加工で大事なこと

流通加工を物流業者が請け負うときには、ＱＣＤ（品質・コスト・納期）を意識する必

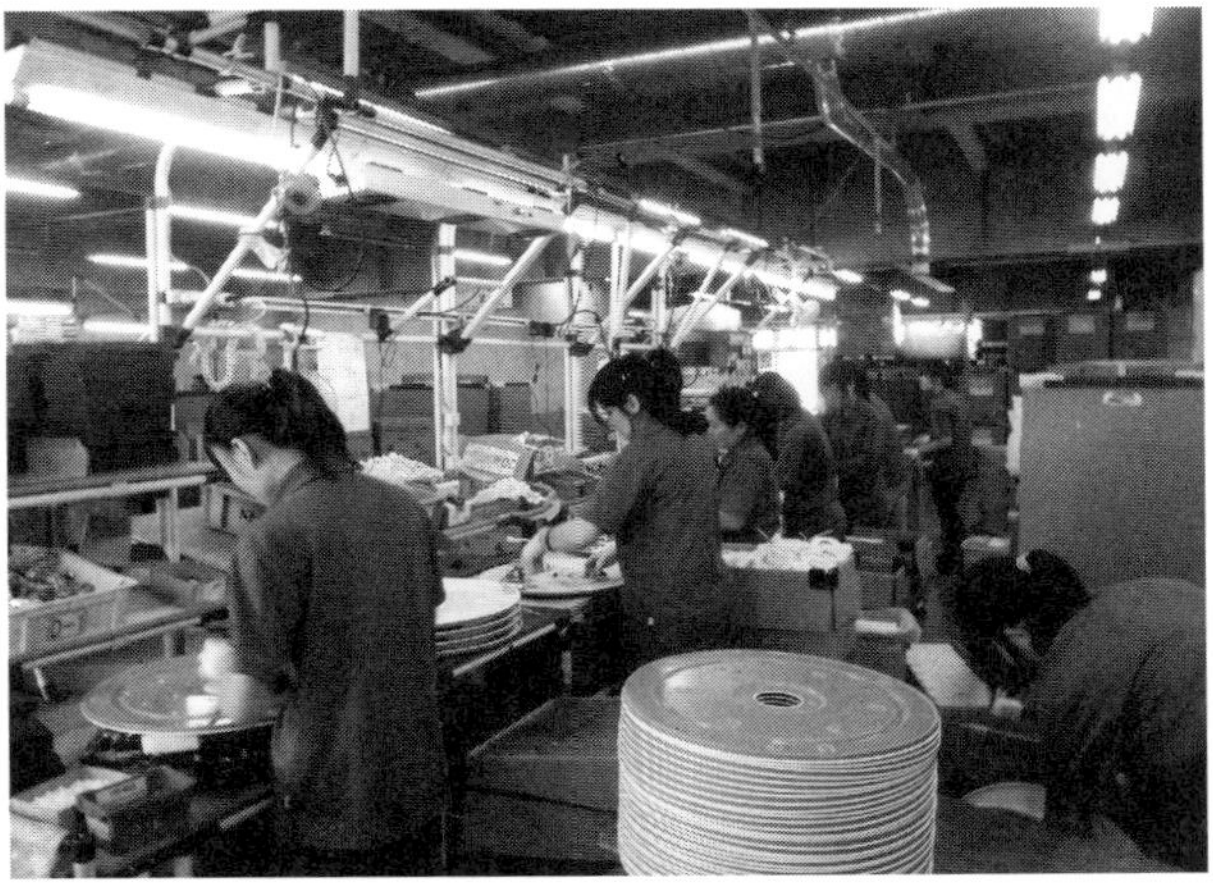

写真１・１ ● 甲西陸運の流通加工代行

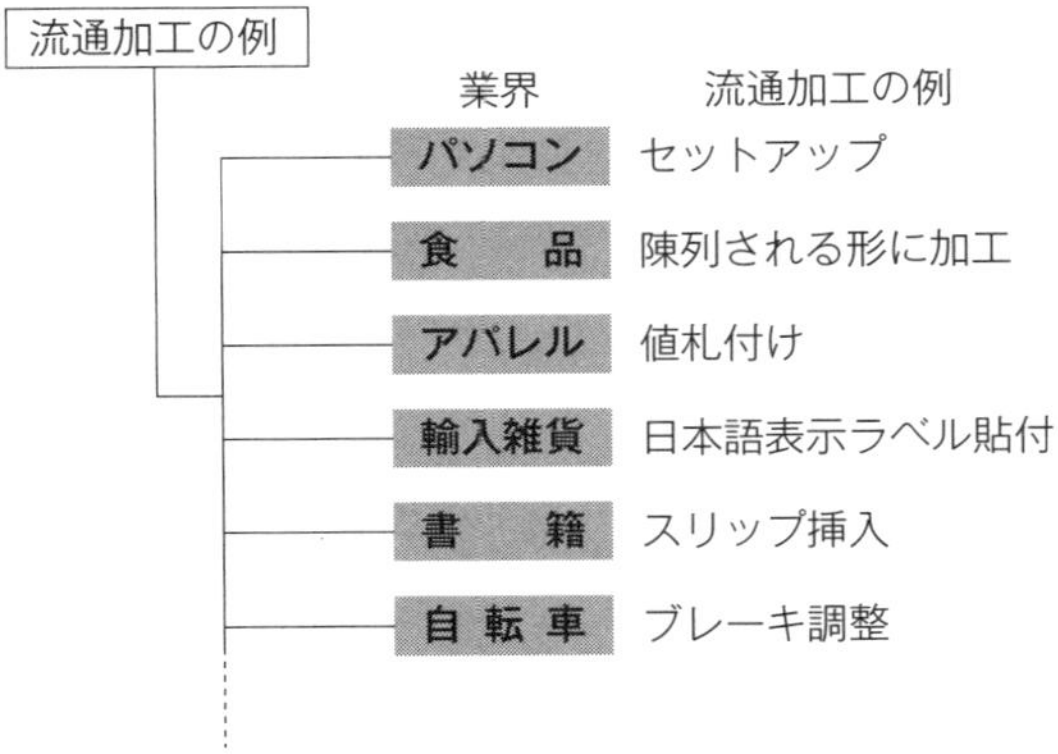

| 業界 | 流通加工の例 |
|---|---|
| パソコン | セットアップ |
| 食　品 | 陳列される形に加工 |
| アパレル | 値札付け |
| 輸入雑貨 | 日本語表示ラベル貼付 |
| 書　籍 | スリップ挿入 |
| 自 転 車 | ブレーキ調整 |

図１・４ ● 流通加工の例

要があります。依頼主の要求品質に応えられる場所や資材、環境を整えなければならず、出荷時間に間に合うよう、計画的に加工作業に取り掛からなければなりません。またコスト面も、依頼主側がかけていたコストよりも安くできなければ、請け負う意味がありません。こうした面に対応できる環境づくりが必要不可欠です。

## 1-6 タイムリーに物流情報をつかむ：情報処理

日々多様化する物流サービスを提供・管理するためには、現状の販売管理システムでは対応しきれなくなってきています。それをカバーするのが、物流に特化した情報システムです。こうした情報システムは荷主と物流の情報通信をＥＤＩ（電子データ交換）やＷＥＢで行い、タイムリーに物流情報を共有します。いまトラックがどこにいるのか、倉庫内に在庫はいくつあるのか、明日１０００件分の出荷をしたいといった荷主側の問合わせや、明日入荷する商品情報がほしいといった物流側の要求も、いまや電話で問い合わせる時代ではありません。

## ◇倉庫の管理にはWMSが欠かせない

物流情報は、これまで会社の基幹システムや販売管理システムの延長上にカスタマイズして管理されてきました。しかし、そもそも販売管理システムは流通の「商」の部分、いわゆる商品やサービスの販売に関する情報システムであり、在庫情報、受注から商品の出荷、納品、代金の回収までの業務や情報を管理します。何を、いつ、どこに、どのくらい、いくらで販売したのか、そして代金はいつ回収できるのか、また仕入れた商品の代金はいつ支払うかなど、商品の販売に関する情報を管理するシステムです。そこで物流現場では、受注情報をFAXで受けて、その時点で売上げを計上していた時代もありました。当時は出荷情報を受ける機能がなかったので、クレームが来てはじめて出荷されていなかったことが判明するなど、物流側のトラブルが頻繁に発生していました。

それに対して、WMS（Warehouse Management System）は倉庫管理システムといい、在庫管理をはじめとして、入荷～出荷に至るまでの作業指示機能を持っています。さらに、物流サービスで付加価値を提供するために、たとえば、

・在庫情報と連動させた自動発注システム
・先入れ先出しなど、ロット管理ができる仕組み
・工場や仕入れ先との物流情報交換により入荷予定情報を受け、出荷情報を出す仕組み

・在庫回転日数や回転率を知るための在庫量分析機能
・ものの流れを把握し、デジタル検品システムとの連動で作業生産性を高める

などの機能を持っています。

従来の物流管理はあまりにもシンプルすぎて、物流サービスの多様化に対応しきれなくなっていました。そこで日付管理や作業管理といった物流情報は、システムでは管理できず、ソートなどのマニュアルで記録したりエクセルで別管理をしたりしていたので、間違いも多く発生していました。ＷＭＳはこれらを解消する救世主となったのです。

## ◇輸配送の情報システム

輸配送管理の情報システムはＴＭＳ（Transportation Management System）といいます。配車管理機能、動態管理機能、配送指示書や日報の自動作成機能、運賃自動計算機能まで、トラック輸送の多岐にわたる業務を一元化した情報システムです。

業務に習熟していなくても、配車計画や運行計画などの基本情報を入力すると、最適配送ルートを選択でき、走行距離・時間が短縮できます。また、運賃自動計算や日報自動作成までこなしてくれます。従来は手作業だった運転日報や売上げ入力業務も簡略化され、配車業務の効率化が図れるようになりました。

また、現在トラックがどの位置にいるのかを把握できるので、荷主からの到着時刻問合わせに即座に応対できるようになりました。

第2章

# 企業における物流

STORY

## 物流にはビジョンが必要です

よしよし
順調にクレームが
減ってるわね
株式会社 マツユウ
物流！
ほんと
いいこと
聞いたわ
そうよね
お客さまに
届かなきゃ
意味がない
んだもの
まさか
あのもさっと
した人が
物流コンサル
だなんてね～
6大機能
私って
ツイてる！
ちょっと
いいか

最近
運送費と
人件費が
上がっている
んだが…
おまえ
なにかした
のか？
ん…？
別に…
ああ！
したかも
しれない…
ちょっと
工夫をね
工夫？
そう
まずはお客さまに
きちんと
届けるためだもの
ブランド力
維持のための
必要経費だわ
経理畑の
パパには
わからない
かもしれない
けれど
うーむ…
それで実際に
クレームも
減ってるのよ
まあ任せてよ
私だって
悪いようには
しないわ

とっさに必要経費だとは言ったけど…
…とはいえそれって問題なのかしらね…？
Bouldering
こんにちは～
はい こんにちは
先日はどうも♪ おかげさまでクレームも減りまして
なにか物流のコツがないか聞いてみよ
はい？ それはよかった
どっかでお会いしましたっけ？
また忘れられてる!!
このあいだ物流のお話をうかがった…
ああ！

思い出しました 物流に興味がある 倉庫作業の方ですね！
その後 物流の 勉強はすすんで いますか？
え…ええ まあ……
デザイナー なんだけど
私の服が届けば いいんだから それ以外のこと あんまり興味 ないんだけど…
もっとお話 うかがいたいので お礼にお食事でも と思いまして
物流の話を！ ええ いいですとも！
オホホホ
釣れた!!
なんでもいいから パパを説得できるような 話を聞き出さなくちゃ

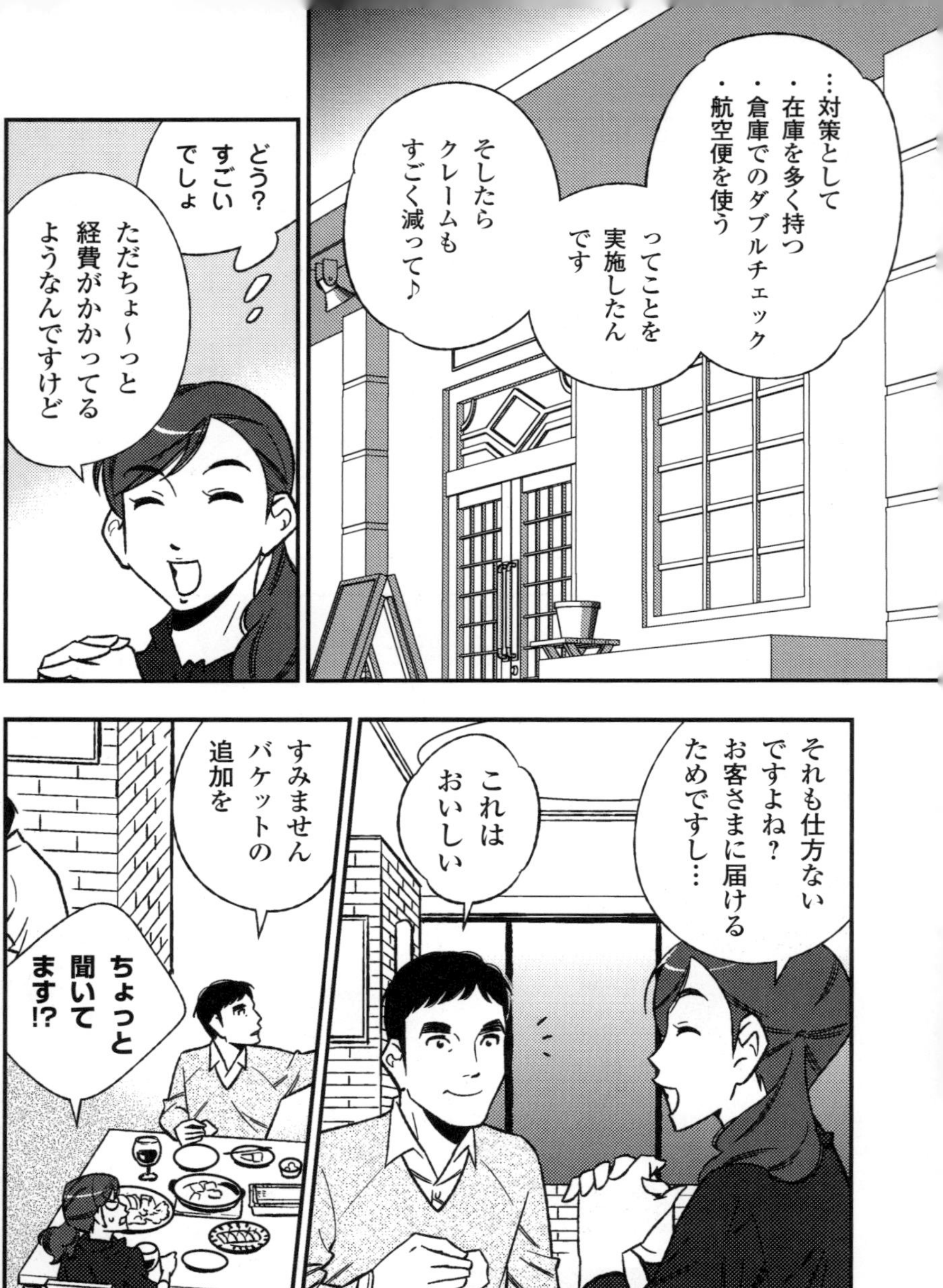
…対策として
・在庫を多く持つ
・倉庫でのダブルチェック
・航空便を使う
ってことを実施したんです
そしたらクレームもすごく減って♪
どう？すごいでしょ
ただちょ～っと経費がかかってるようなんですけど
それも仕方ないですよね？お客さまに届けるためですし…
これはおいしい
すみませんバケットの追加を
ちょっと聞いてます!?

ええ　率直に
申し上げますと
場当たり的な
対処ですね
場当たり的？
でもそれで
うまくいってる
んですよ
さしあたっては
そうでしょう
だがコストが
かかりすぎて
長期的には
もちません
そうなのね…
じゃあ
なんとか
コストを
下げる工夫を
しなくちゃ
そういう
考え方だけでも
よくないです
どういうこと？
物流コストは
少ないほうが
いいんでしょ？
それは
そうですが…
強い企業は
物流を戦略的に
とらえています
戦略物流思考
です

戦略物流思考？
物流を生産性で考えて部門の部分最適やコストダウンをしていくと
たしかに商品価格などは安くなります
物流コスト
DOWN
商品価格
DOWN
これを「物流思考」とします
だがもう一歩すすめて物流を戦略として捉えるようになると企業戦略にあう物流戦略が組み立てられます
これは商品の「価値」を上げるのです
企業戦略
物流戦略
利便性
UP
これが「戦略物流思考」です
わかりますか？
たとえば世界最大の小売業米国のウォルマートは物流センターを新設してから周辺の店舗を開設していきます
物流センターありきなのです

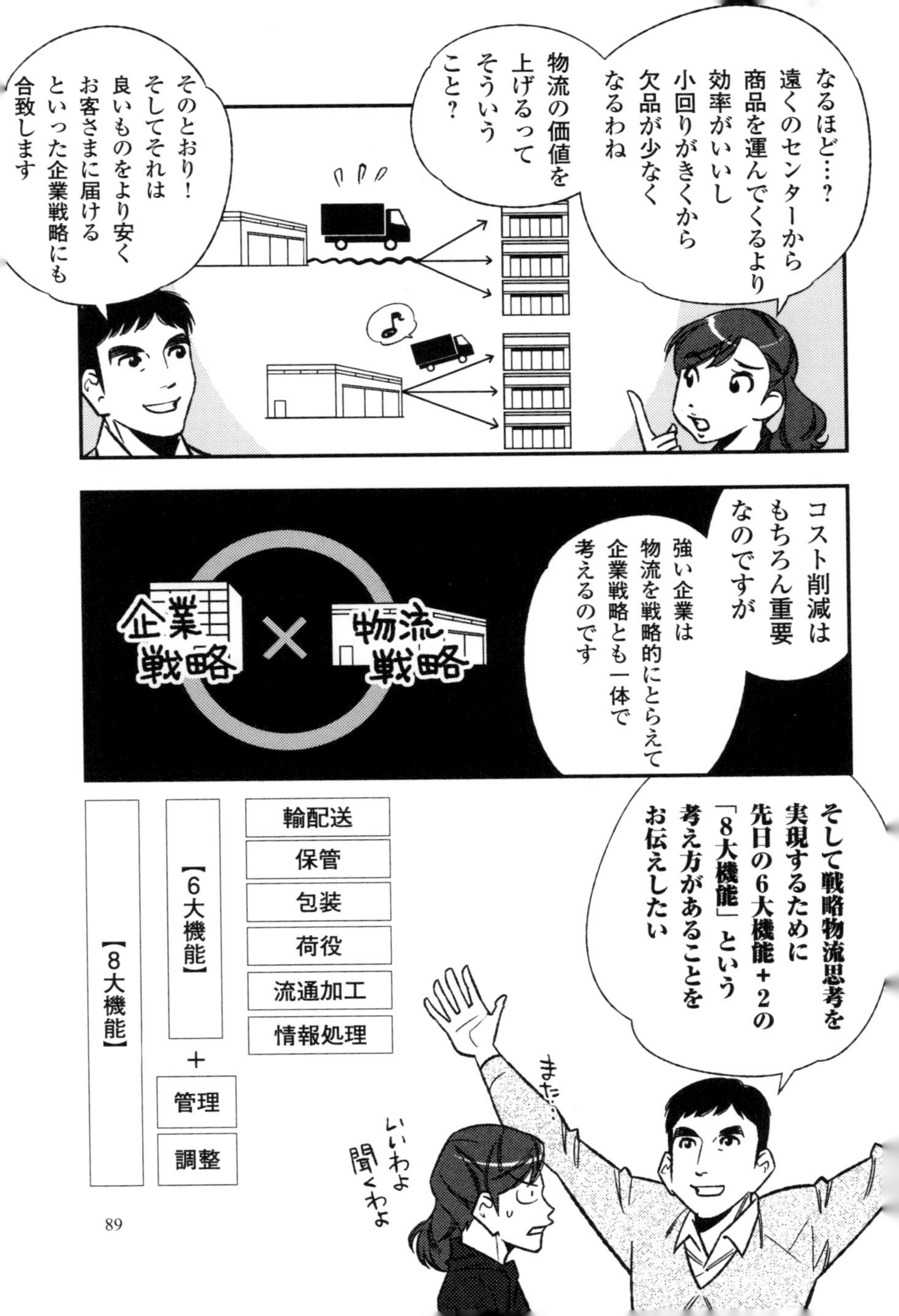
なるほど…？遠くのセンターから商品を運んでくるより効率がいいし小回りがきくから欠品が少なくなるわね
物流の価値を上げるってそういうこと？
そのとおり！そしてそれは良いものをより安くお客さまに届けるといった企業戦略にも合致します
コスト削減はもちろん重要なのですが
強い企業は物流を戦略的にとらえて企業戦略とも一体で考えるのです
企業戦略
×
物流戦略
そして戦略物流思考を実現するために先日の6大機能＋2の「8大機能」という考え方があることをお伝えしたい
また…
いいわよ聞くわよ
輸配送
保管
包装
荷役
流通加工
情報処理
【6大機能】
＋
管理
調整
【8大機能】

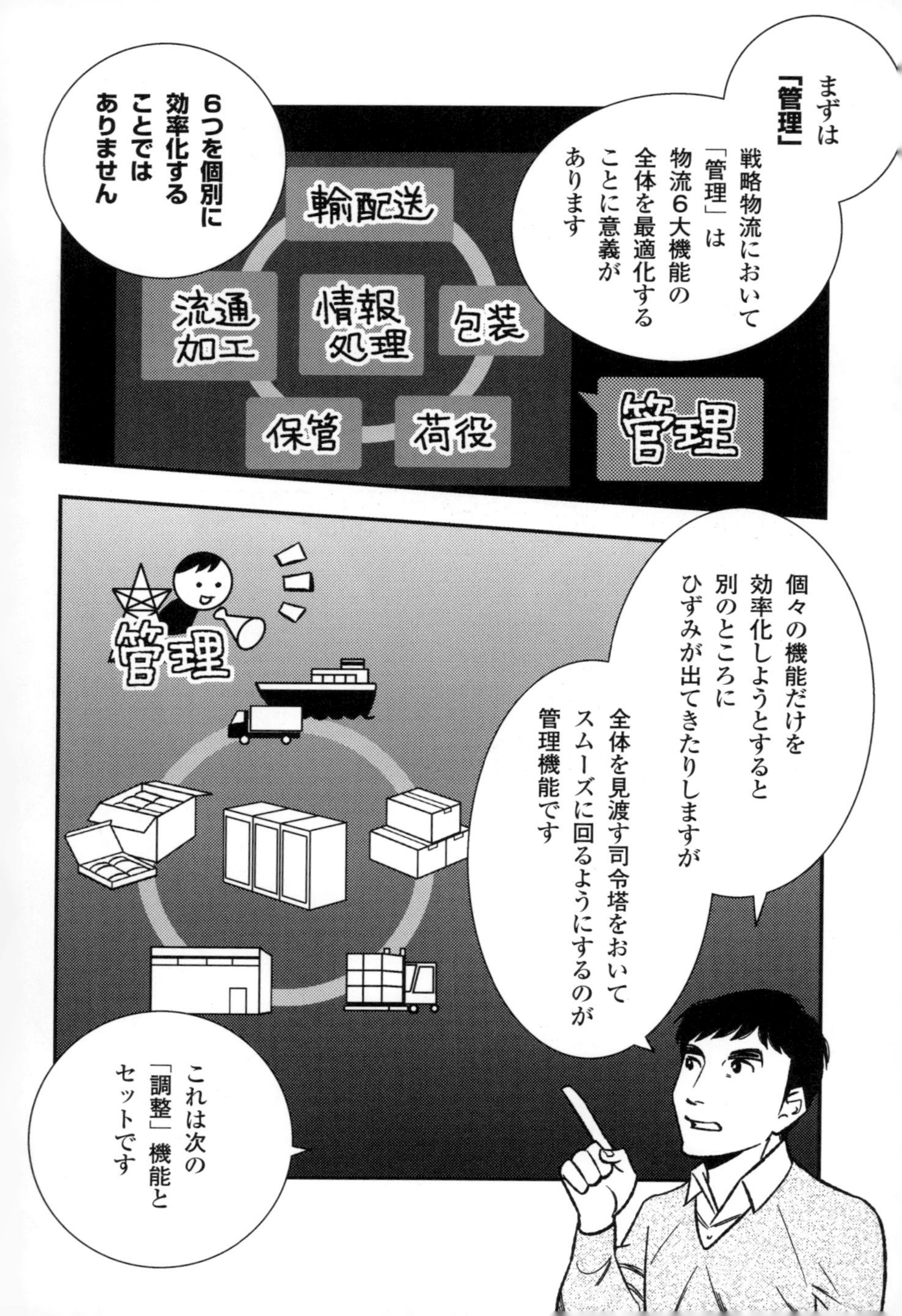
まずは「管理」
戦略物流において「管理」は物流6大機能の全体を最適化することに意義があります
6つを個別に効率化することではありません
輸配送
包装
情報処理
流通加工
荷役
保管
管理
管理
個々の機能だけを効率化しようとすると別のところにひずみが出てきたりしますが
全体を見渡す司令塔をおいてスムーズに回るようにするのが管理機能です
これは次の「調整」機能とセットです

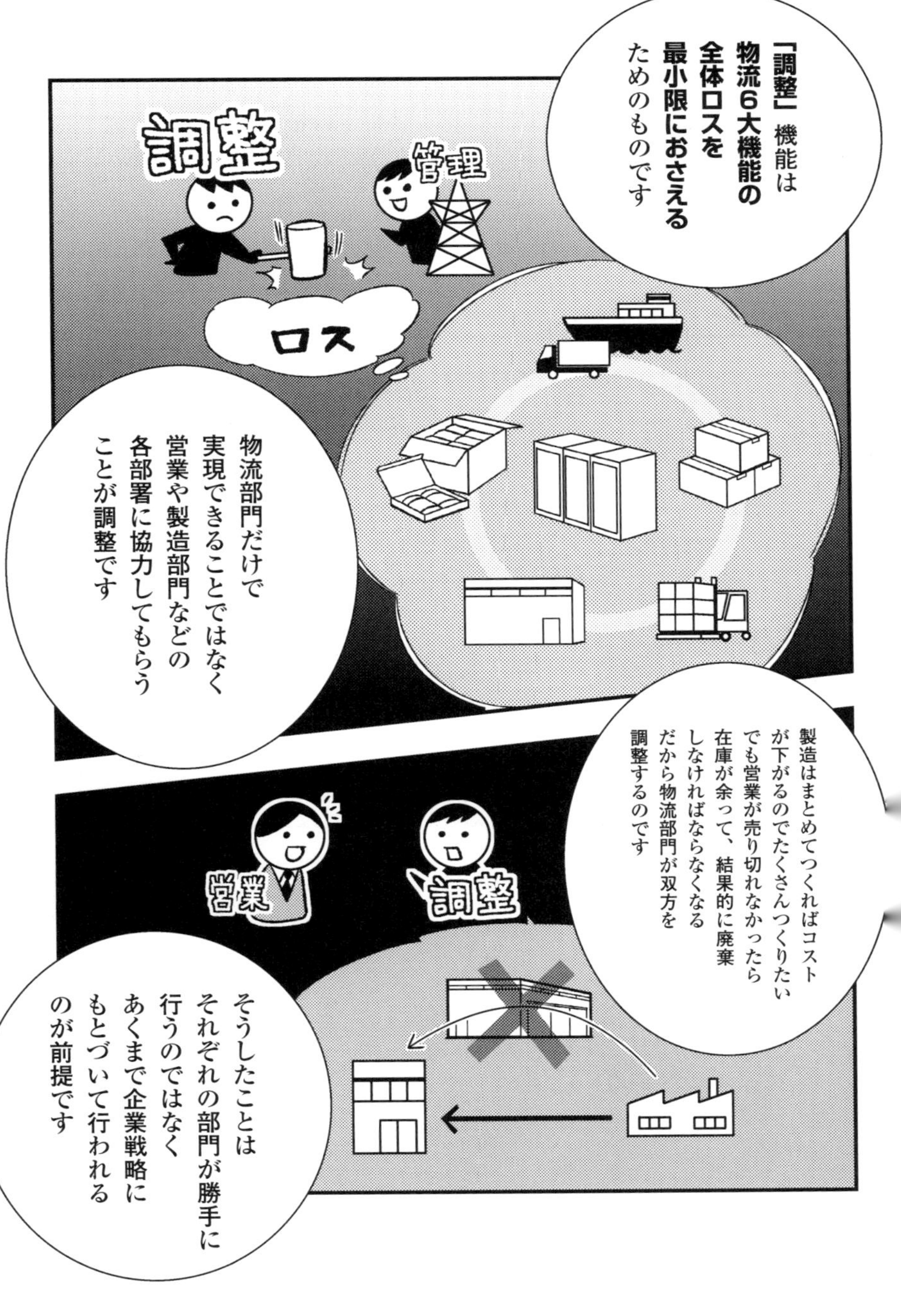

「調整」機能は物流6大機能の全体ロスを最小限におさえるためのものです
管理
調整
ロス
物流部門だけで実現できることではなく営業や製造部門などの各部署に協力してもらうことが調整です
製造はまとめてつくればコストが下がるのでたくさんつくりたいでも営業が売り切れなかったら在庫が余って、結果的に廃棄しなければならなくなるだから物流部門が双方を調整するのです
調整
営業
そうしたことはそれぞれの部門が勝手に行うのではなくあくまで企業戦略にもとづいて行われるのが前提です

そっか営業や製造とも連携して企業として物流を戦略的に考えるってことか…
なんとなくわかった気がします
そうです
戦略物流思考ではいつでも同じように作業をするのではなく
企業戦略にともなって拠点の置き方や作業や管理のしくみなどを変化させていくのです
拠点
作業
拠点
管理
作業
企業戦略
物流現場は企業活動の末端ではなく最前線という考え方…
それが「物流ファースト」です
企業活動
物流

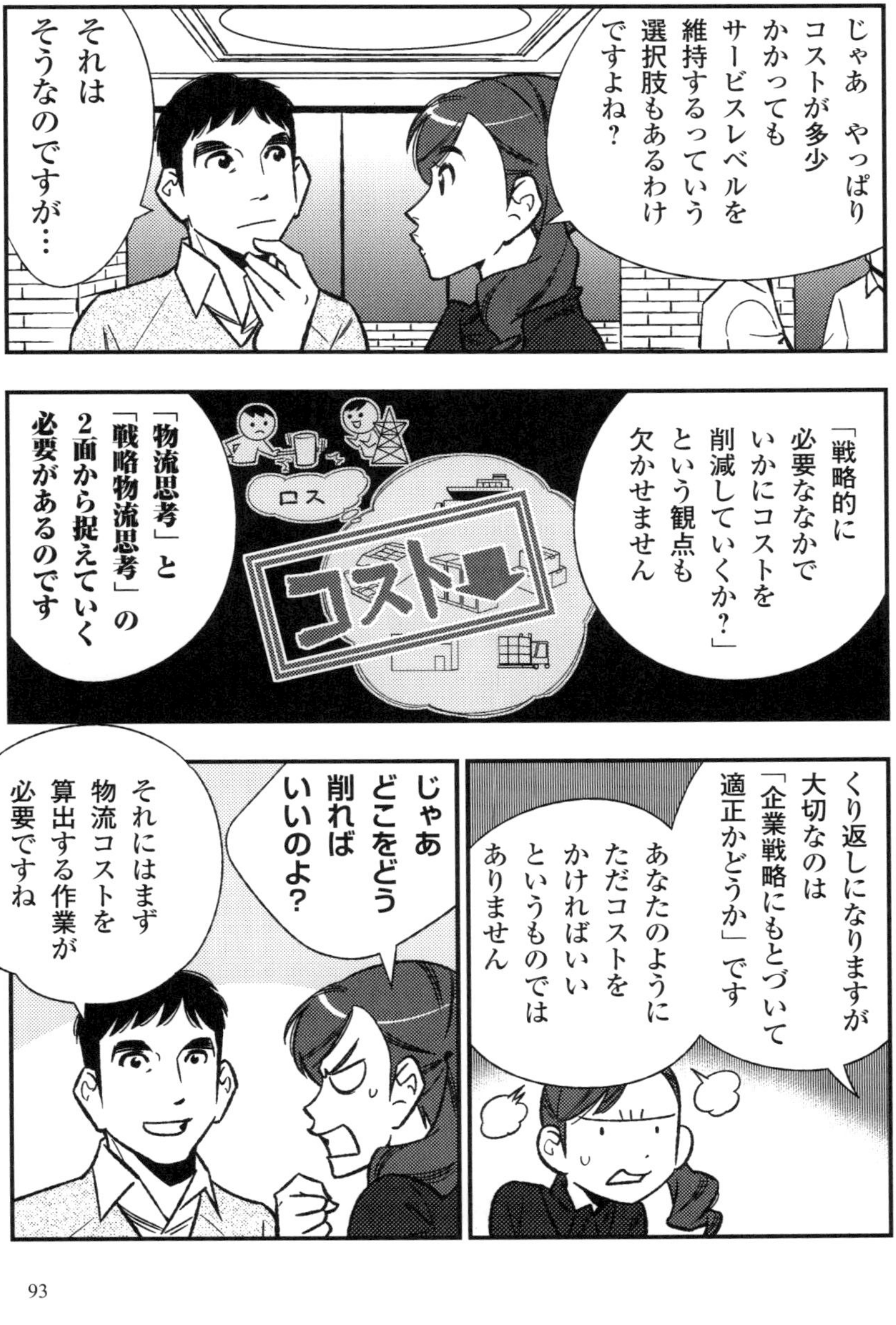
じゃあ　やっぱりコストが多少かかってもサービスレベルを維持するっていう選択肢もあるわけですよね？
それはそうなのですが…
「戦略的に必要ななかでいかにコストを削減していくか？」という観点も欠かせません
ロス
コスト
「物流思考」と「戦略物流思考」の2面から捉えていく必要があるのです
くり返しになりますが大切なのは「企業戦略にもとづいて適正かどうか」です
あなたのようにただコストをかければいいというものではありません
じゃあどこをどう削ればいいのよ？
それにはまず物流コストを算出する作業が必要ですね

## おもな物流コストの費用

| 項目 | 費目 |
|---|---|
| 人件費 | 管理者 |
| | 一般A |
| | 一般B |
| | パート・アルバイト |
| | 小計 |
| 配送費 | 配送委託・経費 |
| | センターフィー |
| | 車輌費 |
| | 車輌維持費 |
| | 小計 |

| 項目 | 費目 |
|---|---|
| 保管費（流通加工費含む） | 支払保管料 |
| | 支払作業料 |
| | 資材費 |
| | 手数料 |
| | 自家倉庫費 |
| | 倉庫内機器費 |
| | 在庫金利 |
| | 小計 |
| 情報処理費 | 情報機器費 |
| | 消耗品費 |
| | 通信費 |
| | 小計 |
| その他 | 事務所費 |
| | 小計 |

◇機能別、主体別に物流コストを把握する
◇代表的な物流コストの把握方法は簡便法
◇簡便法は官庁によって公開されている

http://www.kyushu.meti.go.jp/seisaku/ryutsu/buturyu/buturyu_cost/pdf
「わかりやすい物流コストの算定マニュアル」（中小企業庁）編より編集

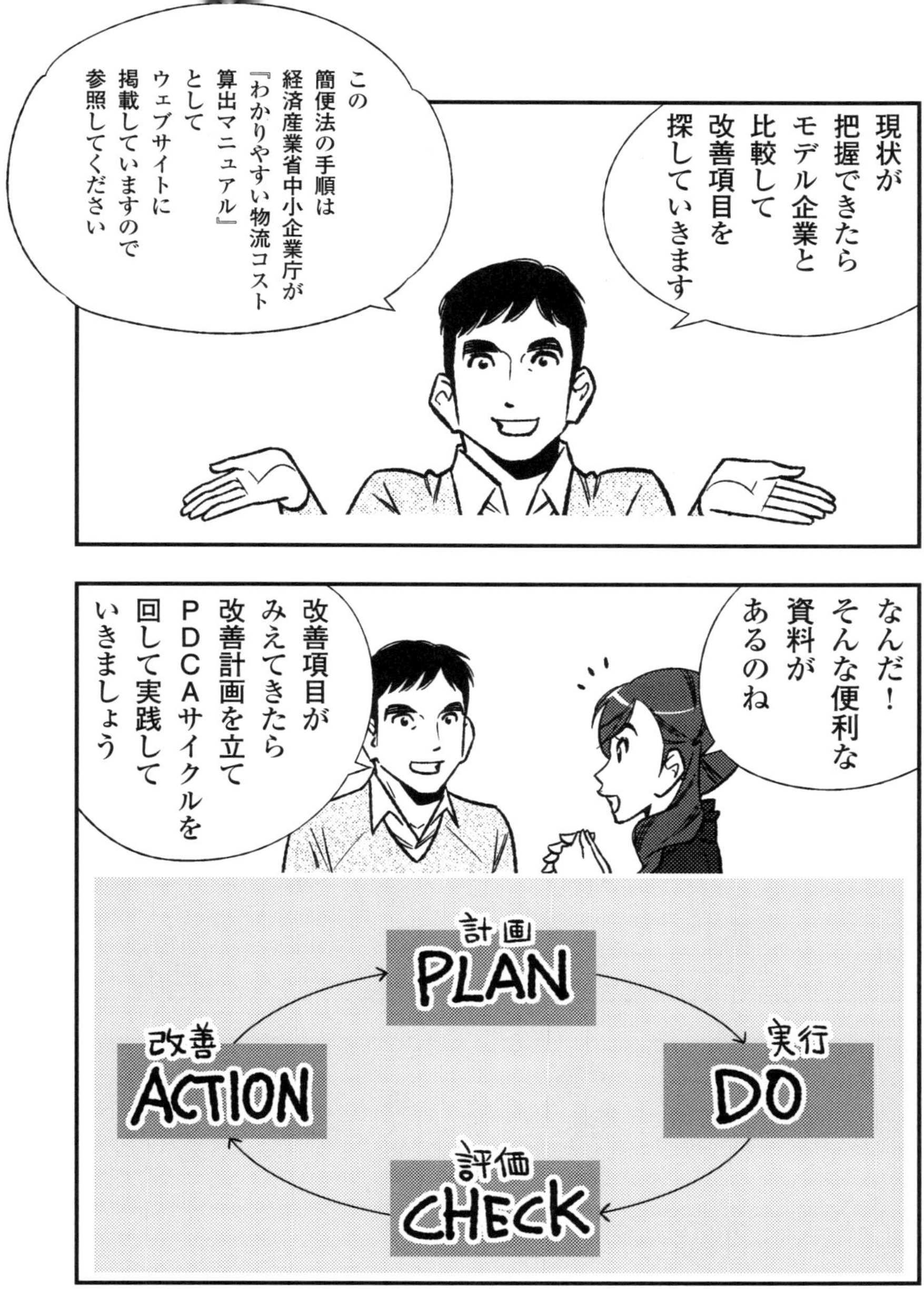
現状が把握できたらモデル企業と比較して改善項目を探していきます
この簡便法の手順は経済産業省中小企業庁が『わかりやすい物流コスト算出マニュアル』としてウェブサイトに掲載していますので参照してください
なんだ！そんな便利な資料があるのね
改善項目がみえてきたら改善計画を立てPDCAサイクルを回して実践していきましょう
計画
PLAN
実行
DO
評価
CHECK
改善
ACTION

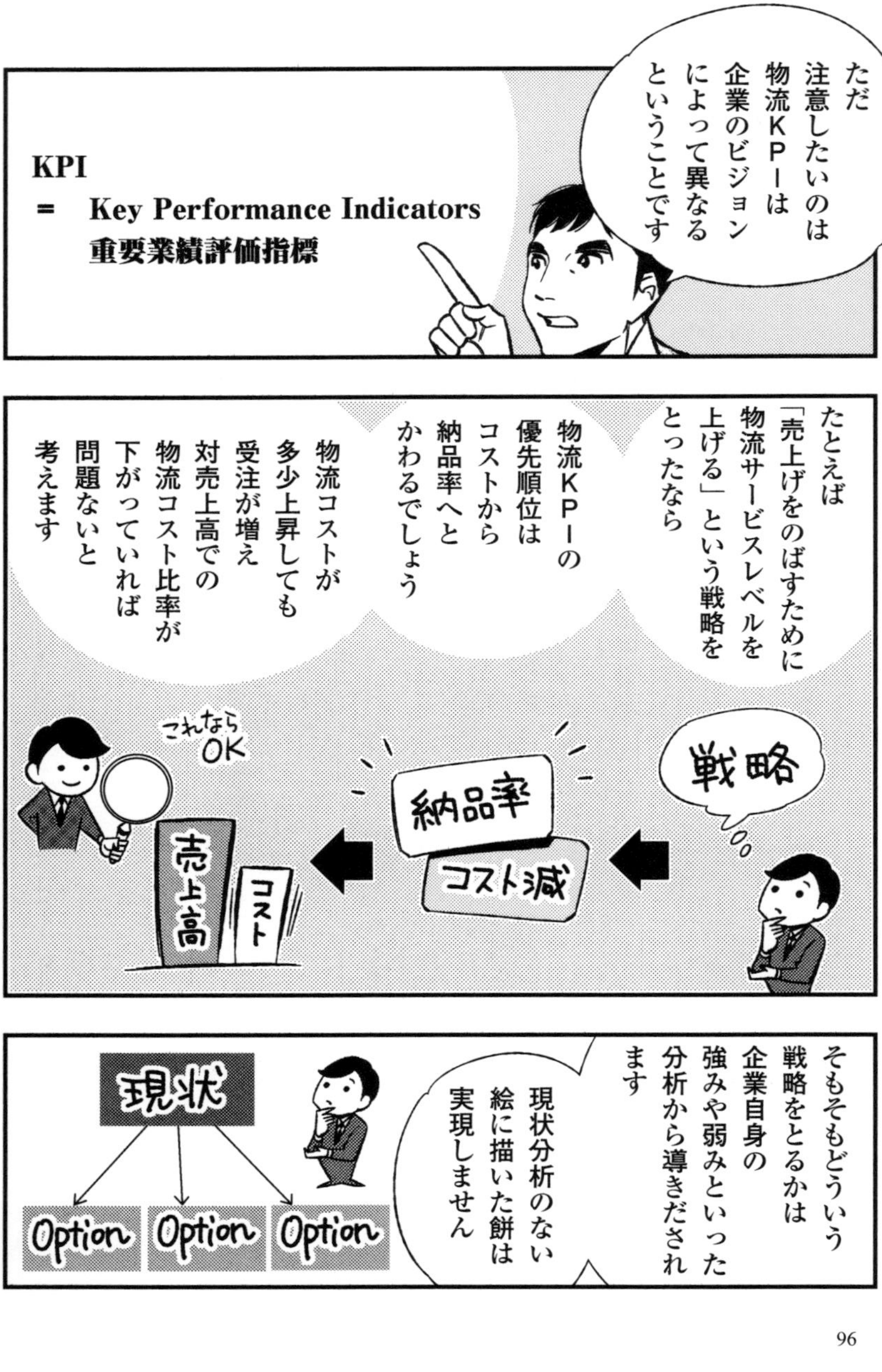
ただ注意したいのは物流KPIは企業のビジョンによって異なるということです
KPI
= Key Performance Indicators
重要業績評価指標
たとえば「売上げをのばすために物流サービスレベルを上げる」という戦略をとったなら
物流KPIの優先順位はコストから納品率へとかわるでしょう
物流コストが多少上昇しても受注が増え対売上高での物流コスト比率が下がっていれば問題ないと考えます
戦略
納品率
コスト減
これならOK
売上高
コスト
そもそもどういう戦略をとるかは企業自身の強みや弱みといった分析から導きだされます
現状分析のない絵に描いた餅は実現しません
現状
Option
Option
Option

う〜〜ん…なんか根本から考え直さなきゃいけない気がしてきたわ
そのとおりです場当たり的な対処は改善とはいえない
テクニックとしては物流の共同化という発想もあります
共同物流 共同配送 共同宅配 といったことですね
ちょっと話が大きくなってきたわね…
私がいいたいのは物流にはビジョンが必要だということです
問題が起きてもビジョンにてらしあわせると進むべき方向がみえてくる
あるいはシンプルに物流部門の意欲になる
ビジョン

残念なことに物流部門にビジョンや方針がある企業は少ないのです
KPI
管理者だけがKPIを知っていても意味がありません
ビジョンや方針とKPIはセットで掲げておくことで
従業員に浸透させることができ仕事に対してのベクトルも合わせられるのです
・ビジョン
・方針
・KPI
う〜ん…かなりガッツリ話をきいたけど…
株式会社 マツユウ

物流をスマートにするのって思ったより大変ね…
これはちょっと大仕事だわ
物流現場はコストセンターです
2つの視点でみていかなくてはなりません
1つは「監視」
これはいわば刑事の眼です
悪
悪いところを見つけだそうとする意識です
もう1つは「管理」
いわば母親の眼です
良
良いところを見つけだそうとする意識ですね

刑事の眼と母親の眼かあ…むずかしいけど
でもやるしかないんだわ
……
後日――
株式会社 マツユウ
…という方針にもとづいて物流部門をブラッシュアップしていこうと思うんですけれど
うむ…理論的にはわかったが
これまでのやり方をそう急に変えられるものかね？
いつかはやらなきゃいけないじゃない
やるならいまだと思うわ！

ガタン
ガタン
倉庫内もレイアウト変えるんですってよ
えぇ…？じゃまた新しく覚えなくちゃいけないじゃない
こういうのって身体が覚えてることも多いのに
あの娘さんが来てからいろいろ変わりすぎよね
意欲があるのはわかるけど…
なんだかついていけないわ～…

# 第2章

# 企業における物流

## 2-1 物流なくして売上げは立たない

### ◇欠品は物流が機能していない証拠

メーカーや卸、小売店舗はものを売って商売をしています。実際に納品先にものが届かなければ商売は成り立ちません。通常は、受注時に在庫を確認し、納品先と納期を聞いて発送が可能かどうかを判断します。もし、受注した商品の在庫が、情報システム上はあるのに実際は在庫切れ（欠品）であったらどうでしょう。買う側としては①～④の選択肢があります。

① すべて揃ってから発送してもらう（納期に余裕がある場合）
② ある分だけ発送してもらい、欠品分は入荷次第発送してもらう
③ 在庫分だけ発送してもらい、欠品分は他社に発注する
④ 受注を取消し、他社に発注する

その中でも③、④は最悪のパターンであり、売上げの機会損失だけでなく、今後受注がなくなってしまう可能性も高くなります。欠品は、物流が機能していないのと同じであり、これでは信頼性も薄れていきます。

物流の重要性は、第二次産業に限るものではありません。たとえば、保険会社やマッサージ店などのサービス業においても、販促用のチラシや、日々の業務を処理するパソコンや文房具などの設備・備品などやレジの現金、金券、クーポンなどの管理が必要であり、そのためには物流が欠かせません。

# 2-2 物流思考と戦略物流思考

## ◇車の両輪として両方が必要

物流思考とは、物流を作業として捉え、工程を短くする、統合する、なくしてしまうというように物流業務の生産性を上げ、コストダウンに繋げようとする考え方です。これは物流をコストセンターとして捉えているからであり、その改善は物流部門内での物流機能の部分最適化に限定されてしまいます。一方、戦略物流思考とは、物流を企業戦略として捉え、企業戦略に沿った物流を構築しようという考え方です。両者は、それぞれどちらが良いというわけではありません。戦略物流思考と物流思考は、車の両輪として両方の考え方がなければいけません。

## ◇ドミナント形式で展開する

では、戦略物流思考について解説しましょう。

セブン－イレブンの店舗展開法は、戦略物流思考のひとつの事例です。セブン－イレブンは物流センターや惣菜工場を新設してから、その周辺に新店舗を展開します。これをドミナント方式をいいます。こうした展開法を採用するのは、商品供給の確実性と効率化、物流サービスの維持・向上を優先しているからであり、この方法は地域での優位性を高めています。物流コストを削減するのではなく、サービスレベル向上の観点から仕組みを組み立てているのです。

戦略物流で大切なのは、図2・1のように組織として「戦略―戦術―戦闘」の各レイヤーがあり、これらを整合的にしっかり管理することです。日本全国でNo・1の洋服の青山は、1都3県（東京都、神奈川県、千葉県、埼玉県）でのトップシェアを目指すために、最初に24時間稼動の大型物流センターを開設しました。この拠点からの配送頻度を上

★物流思考と戦略物流思考を意識して別にする（組織・人）
★戦略物流思考は、あらゆる戦略に影響力を持つ

| | 定義 | 感　覚 |
|---|---|---|
| **物流思考** | 物流を**生産性**で捉えて、物流業務を行う思考 | **「物流は作業」**<br>６大機能ごとの部分最適<br>（物流部門のみ）<br>物流コストダウン<br>（商品価格ダウン） |
| **戦略物流思考** | 物流を**戦略**として捉え、企業戦略に合う物流戦略を組み立てる思考 | **「物流は企業戦略」**<br>６大機能の全体最適<br>（８大機能）<br>物流サービスレベルアップ<br>（商品利便性アップ） |

**図２・１** ● 物流思考と戦略物流思考

げることで店舗内のバックヤード25坪を大幅に削減し、これまで出店できなかった狭い店舗物件でも出店が可能となりました。

ここにもドミナント形式で集中出店するという戦略があります。まずトップシェアを獲るという戦略があって、物流センターや店舗オペレーションなどの戦術、戦闘レベルへとつなげていくやり方です。このように企業戦略と物流現場を連携させた取組みが、経営の成功の秘訣となっています。

# 2-3 流通の3機能：商流、物流、情報流

## ◇需要と供給を結びつける流通

私たちの暮らしを豊かにする経済の3大活動とは「生産・流通・消費」で、それぞれの活動は互いに深く結びついています。

大半の人は、人が生きていくための「衣食住」に関連した産業で仕事をしています。そこから生まれる商品が生産され、消費地まで運ばれます。ここから「流通」が生まれました。流通は需要と供給の関係を円滑に結びつける大事な役割を担っています。

## ◇流通には「商流」「物流」「情報流」の機能がある

ある商品がネットショップで購入されました。このように商品の所有権が販売側から購入者に移転し、同時に消費者から販売者に代金が流れる、こうした売買に伴うものの取引とお金の流れを「商流」と言います。一方、実際の商品を倉庫に保管し、届けてほしいタイミングで輸配送する流れが「物流」です。そして、これらを情報システムでリアルタイムに情報共有する流れを「情報流」と言います。

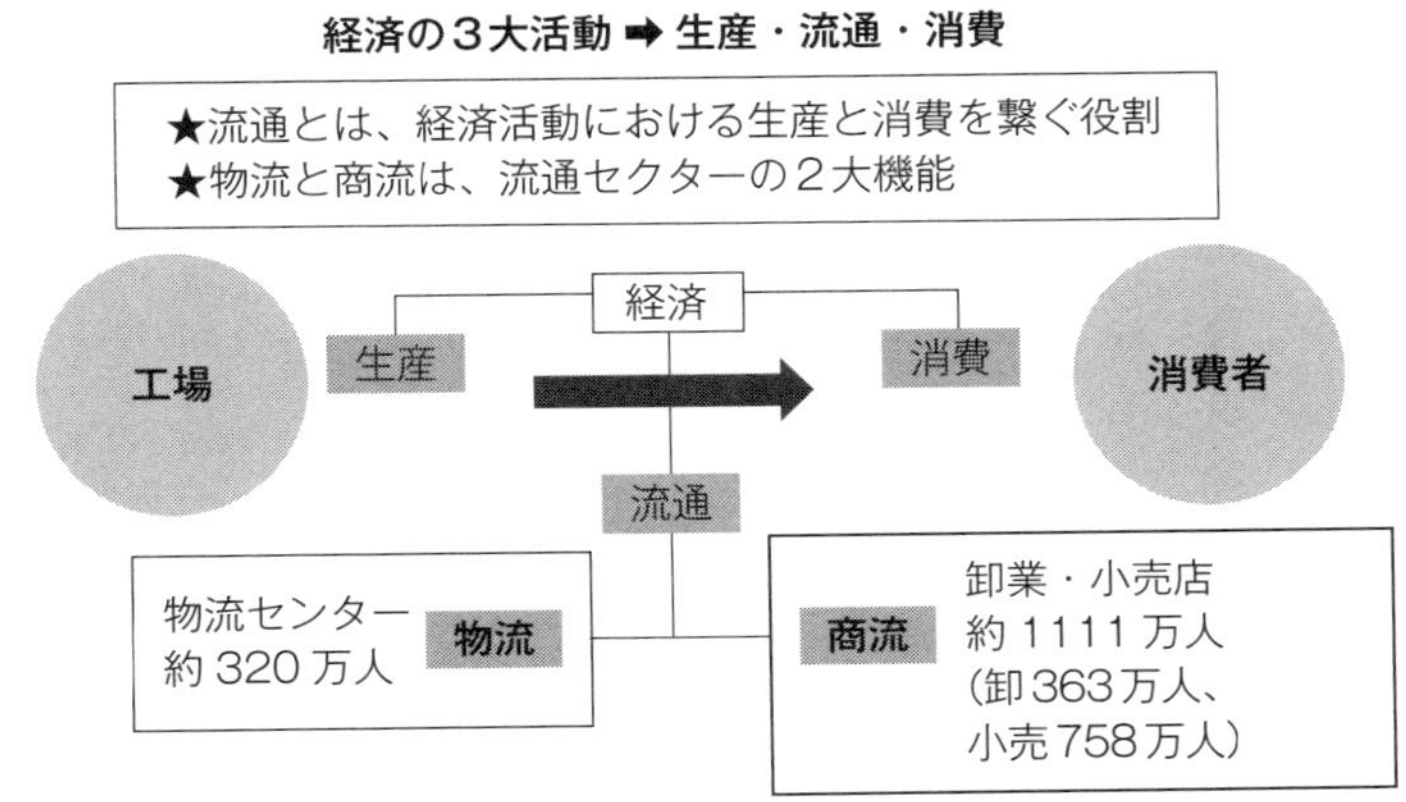


平成 27 年国土交通省資料より

**図2・2** ● 経済の３大活動

★商流（商的流通）⇒受発注などの取引活動の流れ＋お金の流れ

交渉・契約・所有権の移転・代金決済・情報の移転など

★物流（物的流通）⇒生産物（商品自体）の流れ

物流6大機能（輸配送・包装・保管・荷役・流通加工・情報システム）

★情報流（情報流通）⇒商流情報や物流情報を電子データでやり取りする流れ

受発注・電子決済・ネットバンキング・生産情報・入出荷情報・輸配送情報など

そのなかで、商流を担う流通業（卸売業や小売業）は商品を仕入れて販売することを、一方物流業は、適正な品質を保ったまま商品を保管し、注文があった商品を正しく、迅速にお客さまの求めるタイミングでお届けすることを仕事にしています。このような生産と消費の繰返しが経済活動であるのです。

## 2-4 戦略物流の8大機能：管理

### ◇物流6大機能が最適に機能しているか

戦略物流においては、物流の6大機能である「輸配送」「荷役」「包装」「流通加工」「保管」「情報システム」を個々に効率化する物流思考ではなく、生産や調達、営業などの他の部門を含めた企業全体を最適化するための調整が必要となります（調整については2－5を参照）。

そしてこれらを考える上では、サプライチェーンの連携を途切れることなく維持、そして改善、最適化するために、このサプライチェーン全体を「管理」する新たな役割を持つ組織（物流企画部門）が必要となります。物流現場部門だけでは日々作業に追われ、サプライチェーン全体の効率化への提案さえもままならない状態だからです。

管理の機能が備われば、「リードタイムが遵守されているか」「作業当日だけでなく、週間で、そして月間でモノを動かすためのスケジュールが組まれているか」「作業が高コストになっていないか、他社と比較して品質が良い状態なのか」など、常に物流6大機能を管理しながらも、他部門からの物流依頼をもコントロールすることができるのです。

運賃値上げの局面では、拠点配置を工夫して、賃料が上がっても、配送距離を減らして全体コストを抑えるなどの方策を考えなければなりません。たとえば、全国で1ヵ所だった物流拠点を2拠点体制にするとか、TC（トランスファーセンター）をつくり、そこまでは大型車で運ぶなどして、宅配や路線運賃を抑えるなどの方法があります。

また、安い資材を購入することも大切ですが、配送費のことも含めて考えて、荷扱いが若干粗くても安い配送会社を利用するために、あえて良い梱包資材を購入するということもあります。

ファッション界をリードするスペインのZARAは、世界各国への商品供給を1～3日以内で行っています。スペインから遠く離れた日本などに供給するには、割高な航空便を利用しなければなりません。そこで同業他社と比較して物流コストは高いのですが、各国の生産工場から製品をスペインに集めて空輸することで、製品在庫ロスの最小化を図り、ほぼ自社で検品することで高い品質も保持しています。また、これまでの流通では欠かせ

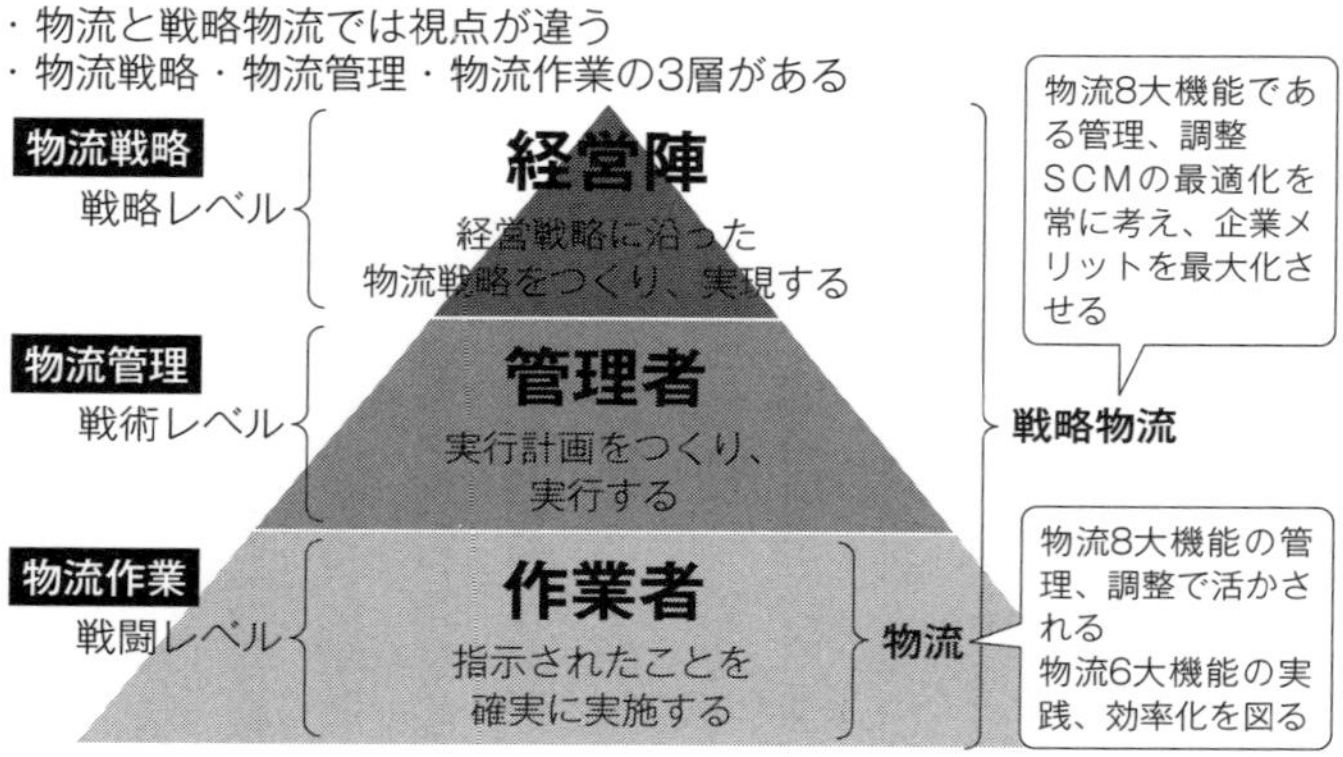


**図2・3● 戦略物流の3層構造**

なかった卸売業を介する中間流通を取り払うことで、中間物流コストも低減しています。

商品販売価格はトップブランドほどではないですが、中間所得層に手頃な価格で販売できるのは、この廃棄ロスの最小化とスピーディな商品展開で売れる商品を素早く提供できているからです。これにより多くの顧客から支持されています。

このように、物流全体の最適化を考え、物流6大機能を管理しつつ、新たな物流を構築していくのが物流企画部門なのです。

# 2-5 戦略物流の8大機能：調整

## ◇物流の最適化は各部署の協力によって

調整とは、戦略物流思考をもって、物流部隊と社内各部署との連携を行う機能を言います。入荷量、出荷量、それによって決まる在庫量、入荷締切り時刻、受注締切り時刻、客先への納品時刻など、これらはすべて営業部門や製造部門が決めており、物流部門だけでは調整できません。物流の最適化は、製造・営業部門をはじめとして、各部署の協力が得られない限りできません。そのために戦略物流の調整機能が必要なのです。

ある倉庫管理の担当者は、「販売部門の出荷予測情報に合わせて、製造部門が製品を送り込んでくるので、どれだけ倉庫を整理してもスペースが足りない」と言っていました。物流部門にもっと発言力があればいいのですが、本社が物流に関心を示さないこともあり、物流の声はなかなか聞き入れてもらえません。現在は、繁忙期だけでなく、平常期でさえも出荷遅れや誤出荷などが起こりやすくなっているそうです。

もしこの会社の物流部門に調整機能が働いていれば、生産部隊に生産量を減らさせて倉庫スペースを確保し、作業性をよくすることができます。

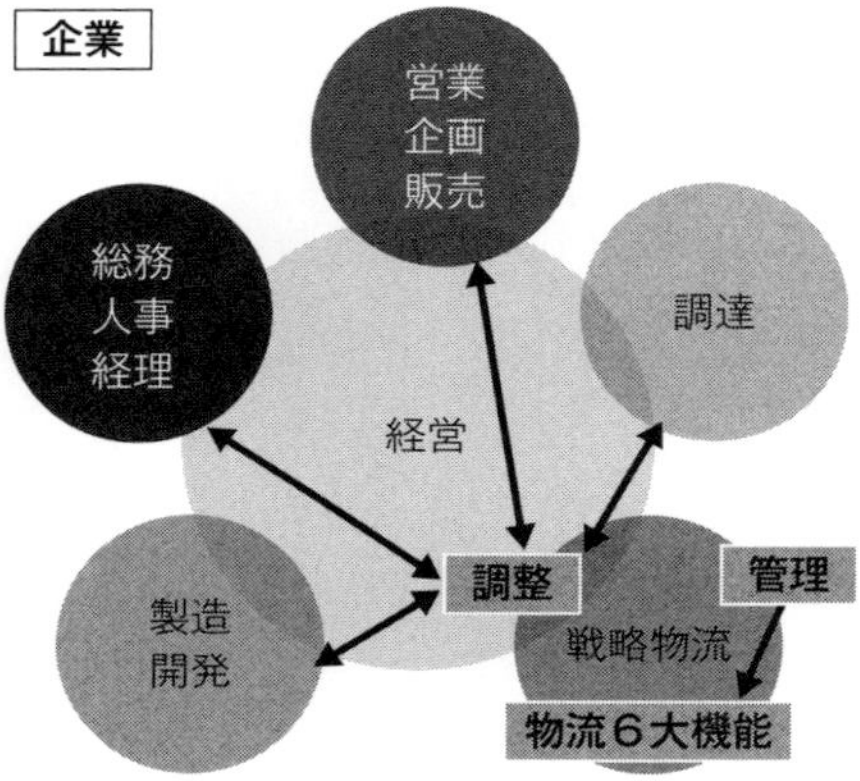


図2・3 ● 物流の8大機能：調整と管理

このように、量的、時間的なものを物流を中心にコントロールし、物流6大機能の全体ロスを最小限に抑えることが調整機能の役割です。

そのほか、大量発注品の分納措置、入荷・出荷処理が煩雑な商品の直送措置、作業スペースを増やし作業効率を上げるための在庫量削減、効率的なルート配送をするための客先への納品時刻変更などがありますが、これらは物流部門が勝手に行うのではなく、企業戦略に基づいて行われることが前提になります。

### ◇物流は企業戦略の最前線

物流と一体となって店舗開発を行う、物流と一体となって営業開発をする、物流と一体となって商品開発を行う、こうした戦略物流における物流現場は企業戦略の最前線となります。しかし、まだ多くの経営者は物流を「作業」や「コストダウン」の対象としかとらえておらず、戦略レベルまで意識が高まっていません。もちろんコスト削減を図る物流思考も重要です。しかし消費者の考え方や行動が着実に変化している今日は、戦略思考をもって物事にあたらないと、物流が足かせとなっていくばかりです。

物流の重要性を示す端的な例を紹介しましょう。日清食品のカップ麺「ラ王」は、容器上面の半径を小さくし、商品を段ボール内で天地交互積みにして空間を極力なくし、さらに段ボールを小さくすることで、2つの大きなコストダウンに成功しました。まず、これまでより小さい段ボールにすることで資材費を削減できたこと、そしてトラック1台当たりの積載数が約30％増しになったことで、カップ麺1つ当たりの輸配送コストが大幅にダウンしたことです。これを販売価格に反映させて、利益を減らすことなく消費者のニーズに大きく応えることができました。当初販売部門には、店頭で目立たなくなるという懸念がありましたが、物流部門が販売部門の協力を得て製造部門に依頼した結果、物流費を削減することができました。物流、製造、販売部門間の調整によるすばらしい事例です。

次に包装改善では、資生堂の段ボール改善例が有名です。一般に段ボールといえば6面体ですが、資生堂では、なぜ段ボールが6面体でなければならないのかという疑問から、

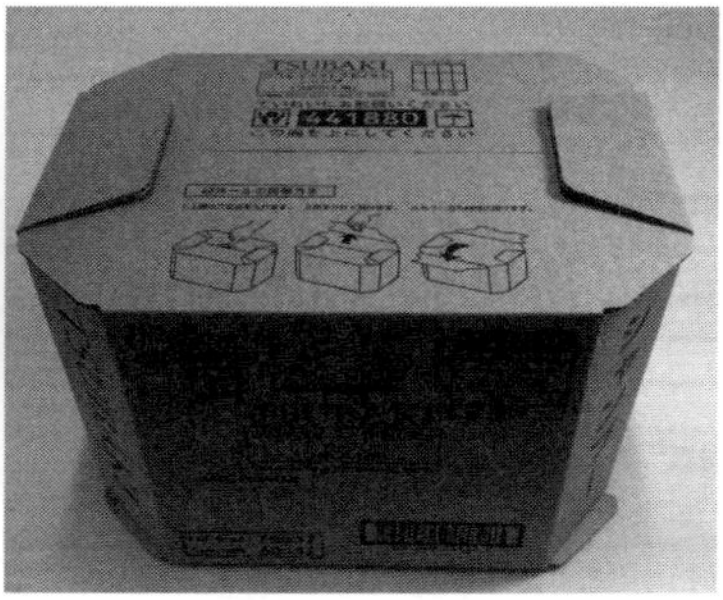

**写真２・１** ● 資生堂の10面体段ボール

詰め替え用洗剤類に10面体の段ボールを導入しました。この商品は袋状の内装（または個装）なので、外装の形にフィットするように内装も形を変えることができます。この10面体は、６面体の側面の４角を削ぎ落した形です。６面体は４角の４柱で重さを支えていますが、10面体では側面の角が８つあり、８つの柱で支えることになり、６面体より丈夫です。その分段ボールを薄くすることができ、コストが低減できました。また、側面の面積も小さくなり、これもコストダウンにつながりました。

また、イオンでは独自の物流研究会があって、ＴＣ（トランスファーセンター：通過型物流センター）の配置、運営の最適化を図っています。また、運賃の３割減を目指して、自社コンテナを往復ムダなく使えるようにするために、他の取引先メーカーと鉄道輸送の共同化を実験するなど、社をあげて物流に注力しています。

## 2-6 物流現場は企業の末端ではなく最前線

### ◇物流は末端か最前線か

企業活動で売上げを重視して、営業に重点を置く経営者は多いでしょう。それ自体はとても重要です。その企業にとって営業部門はきっと花形であり、営業によって会社が成り立っていると考えられています。こうした会社の物流はコスト部門であり、営業が「食べさせてやっている」と考えられがちです。

このような企業では、配置転換で物流部門へ異動した人のショックはとても大きいようです。花形から裏方に移ったと思い込み、もう会社人生が終わったかのような思いを抱くでしょう。そしてモチベーションは急激にさがってしまうのです。

このように、物流は単に出荷、配送するだけの末端機能だとないがしろにしている企業は、物流を企業戦略の主軸としている競合他社には、とても勝てるとは思えません。競合他社は物流現場を企業の最前線として捉え、競合に負けないよう、日々戦闘を続けています。物流サービスや物流品質で他社と差別化する戦略で、これを最前線の現場に落とし込んでいるのです。

やはり、強い企業は、営業や製造、管理や物流の各部門が常に他の部門との協力体制を取って、最高のパフォーマンスを出し続けています。こうした企業では、どの部署に対しても区別なく、企業戦略をもって仕組みづくりや教育に力を入れています。教育は、高いモチベーションを保つためにとても大切です。強い企業を支えているのは、1人ひとりのモチベーションなのです。

## ◇物流部門でモチベーションがあがりにくいワケ

一般的に、物流部門には暗いイメージがあります。それは、企業のコスト（非生産）部門であること、泥臭い部門であること、営業の手足とならなければならないこと、労働に対する評価がされにくいことなどによって、花形部門ではないというイメージが持たれがちだからです。

現場の指揮・指令もトップダウンによるものが多く、中間管理職やリーダーは、それをそのまま部下に伝えるだけで、「荷物を預かる」「荷物を右から左へ流す」「単なる配達を行う」というような単純な思考で業務を進めている企業が多いようです。部下からの不満や意見は日々の業務に流されて、上司と話し合える機会が持てません。まさに、コミュニケーション不足の現場であり、これでは従業員の士気が上がるはずがありません。

このような現場にならないように、経営者と現場長がタッグを組んで、従業員の意見を聞き入れやすくする環境づくりが必要です。改善活動はその一つです。

## ◇物流方針の設定は必須

明確な方針を持つ企業は人が育ちます。物流部門も同様で、経営方針に沿った物流方針が必要です。企業方針として「顧客満足度の向上」をうたっていれば、物流方針はこれと同様とするか、もう少し具体的に「お客さまにご満足いただく物流価値のご提供」とします。また、企業方針が「利益の創出」であるならば、物流方針は「徹底した物流コスト削減」となっていくでしょう。従業員は、それら方針に向かってベクトルを合わせるようになります。

どの部門でも同じですが、方針がなければ、何を目的に仕事をするかを見失ってしまい、結果的に士気のない現場になってしまいます。そうならないためにも、モチベーションをあげる第一歩として、企業方針に基づいた「物流方針」を設定しましょう。

## ◇目標値の設定

物流方針が決まれば、それに沿った改善目標値を設定することで、従業員1人ひとりが考える力を養うことができます。考える力とは何か、それは改善のための意見や案を引き出せるということです。どうやれば目標をクリアできるか、どうやれば目標値に近づくことができるか、方針がしっかりしていれば、真剣に考えることができます。

営業部門には売上げ目標や粗利目標があるように、物流部門でも企業利益を増やすための、また物流品質を向上させるための目標値があって当然です。企業利益創出の目標ならば、「配送費3％削減」「消耗品費5％削減」「残業時間1人当たり30分短縮」、物流品質向上の目標ならば、「誤出荷率前年対比50％削減」「商品事故前年対比50％削減」などがあげられます。

こうした目標値設定で注意しなければならないのは、ムリな目標値を掲げないということです。現時点の作業環境下では、どうやっても「誤出荷率ゼロは不可能だ」という現場も多いはずです。あるべき姿は「誤出荷ゼロ」ですが、ムリな目標設定、物流方針にのっとっていない目標は、かえってモチベーションを下げる結果になります。

目標は、達成のためのプロセスがきっちりと敷かれており、全員ががんばればクリアできるものでなければなりません。そしてその達成時には、会社・部門が感謝の意を全員に伝え、さらなるコミュニケーションが取れる場を設けることで、士気を向上、維持することができるでしょう。

## ◇教育・研修も重要

従業員のモチベーションを上げるには、教育や研修はとくに重要です。新入社員は、まったく白紙の状態で配属されてくるわけですから、仕事の意義やその企業の社会への貢献とは何かを企業のビジョンに沿って教えていかなければなりません。それをまず理解してもらった上で業務につけるのです。試用期間はそのためにもあるといってよいでしょう。また、３年目、５年目、リーダー職、管理職などの階層別、職種別教育も重要です。さらに他社を知ることも重要です。他社情報の収集や他社の現場を実際に見て気付きを養うなども重要になってきます。

これら教育は、従業員１人ひとりの刺激となり、自己の知識習得だけでなく、自社がより良くなるために他社の仕組みを取り入れたり、アレンジしたりするようにもなります。良い刺激を与えることも、モチベーション向上になります。

## ◇改善提案活動も効果的

どれだけがんばっても評価されなければ、当然モチベーションは下がります。ある物流センターでは、従業員だけでなく、パート・アルバイト、派遣社員、そしてパートナー企業の社員にも改善活動に参加してもらい、コミュニケーションを重視した啓発を図っています。パート・アルバイトも社員同様に、改善提案ですばらしい効果を出した人には社長賞や優秀改善賞を出して表彰しており、こうした施策は、周りも次はがんばろうと思うことができます。どのような賞であれ、人は褒められ表彰されることで評価を実感し、またがんばろうとします。その意味で、グループ賞とともに個人賞も必要です。

# 2-7 物流コスト算出

## ◇数値で物流コストを管理する

マネジメント（管理）は数値ベースが鉄則です。ＱＣＤ（品質・コスト・納期）にも数多くの数値があり、どれを優先するかは企業によって違います。しかし物流コストはとくに、どの企業でも重要視されています。なぜなら、経営は「資源（リソース）の再分配」

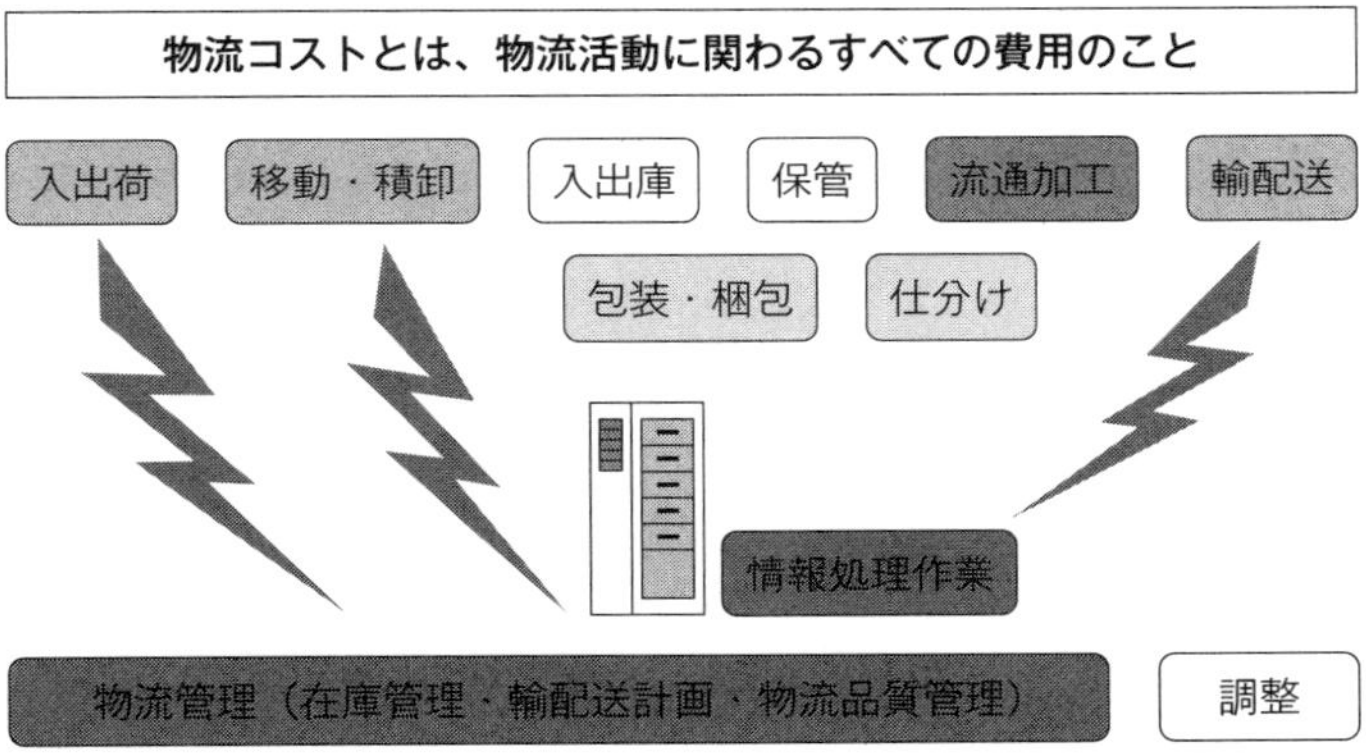


**図2・4** ● 物流コストとは

であるからです。そのリソースには、ヒト・モノ・カネがありますが、その中のカネ、すなわち資金をどう物流に再分配するかは、物流コストがわかっていないと考えられません。また、利益を出すために、コストセンターである物流コストの低減に注力します。

しかし、数値で物流を管理している会社は思いのほか少ないのが現状です。物流に関しては、売上げが数百億円ある大会社であっても、しっかりと数値で管理しているとは限りません。「うちは○・○%」と言われますが、物流の専門家である私から見て「そんなはずはない」と思うこともよくあります。

また、予算管理でも、「予算実績の積上

げ＝物流コスト」ではないからか、物流コストを正確に出せていない会社は数多くあります。ぜひ、物流コストを月次で算出してみてください。

## ◇物流コストの算出には簡便法と物流ＡＢＣがある

経理部に「自社の物流コストはいくらか」と問い合わせてみても、把握されていないのが現状です。物流を重視している企業ではシステムによって管理され、経理部がきちんと把握している場合もありますが、財務会計の貸借対照表や損益計算書から割り出すことは、実質困難だからです。

財務会計における帳票には、貸借対照表と損益計算書があります。貸借対照表においては、流動資産における在庫（商品、製品、仕掛品、貯蔵品など）金額や、固定資産としての建物、建築物、機械、装置、車両、運搬具、工具、備品、土地などが、全社で合算されており、個々のセンターごとには割り出せません。流動負債にも、未払金の中に支払期日が先の日付になっている物流協力会社や倉庫不動産会社への支払金額などが含まれています。

また、損益計算書においては、売上げ原価や製造原価の中に、調達物流費や在庫費用が他の費用と合算されていますし、販管費の中に社内物流費（売上げ・製造原価に含む企業もある）や販売物流費が他の経費と合算されているからです。さらに、非上場企業では、財務諸表はあまり公開されません。

そこで、物流コストは管理会計から情報を得ることになります。管理会計は、経営者や部門責任者に対して経営管理に必要な会計情報として提供されたり、自部署の管理をするために提出される情報です。管理会計では、物流拠点ごとに、人件費、配送費、保管・流通加工費、資材費、自家倉庫費やマテハン費用、情報処理費などにおいて、さらに細分化した費目を見ることができます。管理会計で合算された物流コストを売上げ額で割ると、対売上げ物流コスト比率として、また出荷個数で割ると、1個当たり物流コスト比率として管理すべき指標が出せます。

ここまでの管理会計で捉えられる物流コストは簡便法といわれる方法です。物流コストの捉え方としては、もう1つ、物流ＡＢＣがあります。ＡＢＣ（Activity-Based Costing）は活動基準原価計算といい、物流における活動（作業工程）ごとにコストを集積し、活動ごとに作業原価を計算する方法です。簡便法から算出された費目別コストをベースに使うことができます。

# 2-8 物流現場改善

## ◇現場改善のポイント

物流改善をしようとしても「どこをどう改善すればいいのかわからない」という人もいるでしょう。そこで、物流改善は何のためにやるのかを考えましょう。

改善によって現場がよくなるのは当然ですが、顧客からの評価が高まります。それはたとえば、従業員の元気な挨拶があった（できるようになった）、電話応対がよかった（よくなった）、物流トラブルが極端に減少したなどの評価です。

## ◇まずは現場の不具合や異常を見つける習慣から

現場の不具合や異常を見つけるには、まず現場のあるべき姿を明確にしておく必要があります。たとえば「無事故・安全第一」。これを念頭において倉庫内を歩いた場合、突然のフォークリフトの飛び出しがあれば、一旦停止の貼り紙をして、全員に遵守徹底させることによって1つの改善効果が出ます。また「整理・整頓」を掲げているならば、放置された台車や資材を、確実に元の場所へ戻せるような改善対策を考えればよいのです。さらなりません。

に放置された機器や資材につまずきそうになったら、整理・整頓の方法を見直さなければ

また、「効率化」であれば、自らの移動距離を極限まで減らしてラクに早くものを移動させるために、まず補助作業（物流上の主作業を補助する作業）を極力減らすことも重要な視点になります。

このように、あるべき姿とのかい離に気付いて修正するための改善案を出す習慣がとても大事なのです。

## ◇5S活動の導入

5Sとは、整理（Seiri）、整頓（Seiton）、清掃（Seiso）、清潔（Seiketsu）、しつけ（Shitsuke）の頭文字がSであることからこう呼んでいます。5S活動を継続して確実に行っている物流現場は、格段に品質がよくなります。では、なぜ品質が良くなるのでしょうか。それは、5つのSそれぞれの定義にのっとった活動をすることで現場が引き締まり、心地よい環境で仕事ができるようになるからです。

5Sの定義は以下のとおりです。

① 整理：いるものといらないものを明確に分けて、いらないものを捨てること

② 整頓：いるものを使いやすいように置き、誰でもひとめでわかるようにはっきり明示すること
③ 清掃：構内・事務所・トイレ・物流設備を常に整理し、キレイにすること
④ 清潔：整理・整頓・清掃の3Sが繰り返されて、その状態が維持されていること
⑤ しつけ：決められたことを正しく守り、4Sが習慣化されていること

5S活動ができない最大の原因は、全員参加ができていないことです。現場の全員が活動に参加しなければなりません。慌ただしい物流現場ではなかなか難しいかもしれませんが、清掃は全員で行い、そのチェックも輪番で回していきます。

清掃活動まで進むと、さらに気付きが生まれます。たとえば、掃除用具入れの使っていない道具を処分する、動かしにくい作業台にはキャスターをつけて動かしやすくするなどです。不具合を見つける行動によって、4S、5Sは自ずとついてきます。

# 2-9 物流ＫＰＩ

## ◇ＰＤＣＡで数値管理をする

　何かを管理するのに数値管理はとても有効です。管理はマネジメントサイクルと言われるＰＤＣＡで行います。このＰＤＣＡは計画（Plan）、実行（Do）、確認（Check）、修正（Action）を繰り返すことです。たとえば、新しい取引先に納品する際に、チャーター車を手配するとしましょう。そのために見積もりをとって会社を決め、段取りをします（Plan）。そして、実際に注文を受けチャーター車で納品し（Do）、その後想定どおりに納品されたかをヒヤリングします（Check）。予定時間より遅れていたら、次回は早く出発するように段取りを変えます（Action）。これが、ＰＤＣＡです。

　この一連のサイクルで数値管理をすると、もっと明確になります。先の例で説明しましょう。納品先には決められた時間で納品しなければなりません。それが「＋10分」なのか「＋20分」なのか「－５分」なのかを毎回確認して修正することで、「±20分」だった納品時間を、「±15分」、「±10分」と少しずつ納品時間の精度を上げていくことができます。

　その数値管理のための物流ＫＰＩ（Key Performance Indicator：重要業績評価指標）

は、物流会社、メーカー、小売業や卸売業の場合で、優先する順序が異なります。小売は店頭欠品を意識するでしょうし、メーカーはコストを意識するでしょう。このように、優先する物流ＫＰＩは違います。また、企業によっても考え方が違います。たとえば、コスト志向と品質志向の会社があります。もちろんどちらか一方というわけではなく、どちらを優先するかが決まっているということです。

企業の考え方（戦略）で、物流ＫＰＩが決まりますから、すべての物流ＫＰＩを作成する必要はありません。あくまでもこれらを参考にして、自社の物流ＫＰＩをつくってみてください。

## ◆具体的な物流ＫＰＩ

物流部門で設定できるＫＰＩは、大きく分けて、品質とコストと時間に別れます。いわゆるＱＣＤです。

①　品質に関わるＫＰＩ

正しい商品が正しい数量でユーザーに配送されるものとして、誤納品率や、欠品率、商品事故率があげられます。算出方法は、倉庫での作業中（出荷前）なのか、配達時点（出荷後）なのかで変わってきます。ＫＰＩの単位は、最近では教育の充実やシステムの整備によって出荷精度が大幅に向上し、これまでの％（100分の1）ではなく、PPM（100万分の1）を使用する企業が増えています。ミスが1万個に1個以下になっている企業も増え、％表示では0・01％以下となり、ミスの度合いがわかりにくくなってきました。そこで、100PPM以下というようにPPMで表示されてきているのです。

②　コストに関わるKPI

人件費や配送費、保管料、荷役料、資材費、通信費、消耗品、電気代、光熱費など、物流活動にかかる費用を実額で指標とするものと、1人当たり何個出荷したか、何件出荷したか、Aという作業工程では何分かかったかなどの生産性で見る指標があります。また、在庫もコストに大きく影響するので、在庫回転日数や㎡当たりの在庫点数や保管料などを見ることもあります。

③　時間に関するKPI

作業時間ではなくリードタイムで見ます。たとえば納期遵守率は、クレームによって発覚するものと、指定された納品の予定時間の範囲内に納品できたかどうかでカウントします。

すでにおわかりのように、品質と時間は企業の顧客満足度に関わる物流KPI、コストは企業の利益に関わるKPIになります。

## 2-10 物流共同化（共同物流、共同配送、共同宅配）

### ◇効率的で環境にもよい物流共同化

近年は出荷単位がどんどん小口化していき、商品がまとまらないので、トラックへの積載効率が非常に悪くなってきました。これを少しでも解消するために「同じ納品場所ならば、企業の壁を越えて一緒に納品した方が効率的で環境にもよい」いう発想から、物流の共同化が注目されるようになってきました。

① 共同物流

主に製品や商品が似ている企業同士（同業、競業）が共同して1つの物流インフラ（保管：共同保管、配送：共同配送）を利用することを言います。

たとえば、酒類卸のある会社の物流子会社は、自社流通品だけでなく、同業他社や酒類メーカーの商品を預かって出荷しています。また、ベンダーの在庫も保有しており（VMI方式：Vender Managed Inventory）、共通の納品先である小売店に共同配送で納品しています。効率的で環境にもやさしい物流が行われているのです。

しかし、利点があれば欠点もあります。戦略物流を行う企業では、戦略が変われば、物流戦略もそれに伴って変化します。参加する各社が同じ意思を持っているときはよいですが、自社物流に転換して顧客サービスへの差別化を図ろうとするときは、このインフラ上から撤退することになります。この物流子会社は、倉庫の保管率低下や、配送の非効率化を招くことになります。そして、代わりのベンダーを探すことも、なかなか容易ではありません。

② 共同配送

共同配送は、広義では共同の輸配送を指します。もともとは、トラックの路線（特別積み合わせ）事業や、百貨店の一括納品が主でしたが、最近ではコンビニエンスストアや大手スーパーの物流センターから各小売店舗へのルート配送が代表的です。また、1つの小売だけでなく、複数の中小小売が共同で卸やメーカーから商品を仕入れ、中間物流拠点で仕分けたり直接ルート配送する調達物流の共同化の例もあります。また、これまで物流の共同化はあり得ないとされてきた大手ビールメーカーのアサヒビールとキリンビールでさえも、環境対策や輸送コスト削減という共通の課題を乗り越えるため、一部地域で共同輸送に踏み切っています。また、同業種間だけでなく、イオンではメーカーとの共同輸送にイオン列車と名付けた鉄道貨物の運行にチャレンジしています。

③ 共同宅配

通販が発達するにつれ、直近は再配達問題、宅配ドライバーの残業問題から運賃値上げを余儀なくされ、労働の過酷さから宅配サービスの一部停止も取り上げられています。

それにもかかわらず、通販での消費は増すばかりで、現在の国内での宅配個数は40億個（2016年度）に迫っており、これを大手宅配会社3社を中心に捌いています。しかしあと数年で60億個まで伸びると予測されていますが、ドライバー不足も続く中、そのときに主要宅配会社3社だけでは大きな支障を来たしていることが想定できます。

その対策も含め、宅配サービスの差別化として、アマゾンをはじめアスクルやカクヤスのように自社配送による近隣地区への1～2時間以内での配送が行われていたり、これからの注目企業ではＰＩＣＫ ＧＯやＵＢＥＲなどの空車トラックや乗用車を利用した共同宅配への参入が期待されています。ただ、後者の場合は、個人トラックの営業許可ができない日本にとっては、まだまだハードルが高いため、国をあげての規制緩和も必要になってくるでしょう。

## ◆まだまだハードルが高い物流の共同化

物流の共同化は参加企業に有利かというと、必ずしもそうはならないケースもあります。先に述べたように、戦略物流では、企業戦略が変われば物流戦略もそれに伴って変わります。また、参加企業の力関係によって、出荷の優先順位や配送順位が後になったり、従来よりも納品時間が遅くなったり、企業情報が漏洩するなどの不安材料もあります。さらに、想定していたコストダウンができず、逆にコスト高になってしまったというケースもあるようです。

このように、物流の共同化にはさまざまな課題があり、よほど信頼関係が高い企業同士でなければ実現は難しいのが現状と言えます。

第3章

# 物流で成長する

STORY

## 物流はボディブロー・ローキック

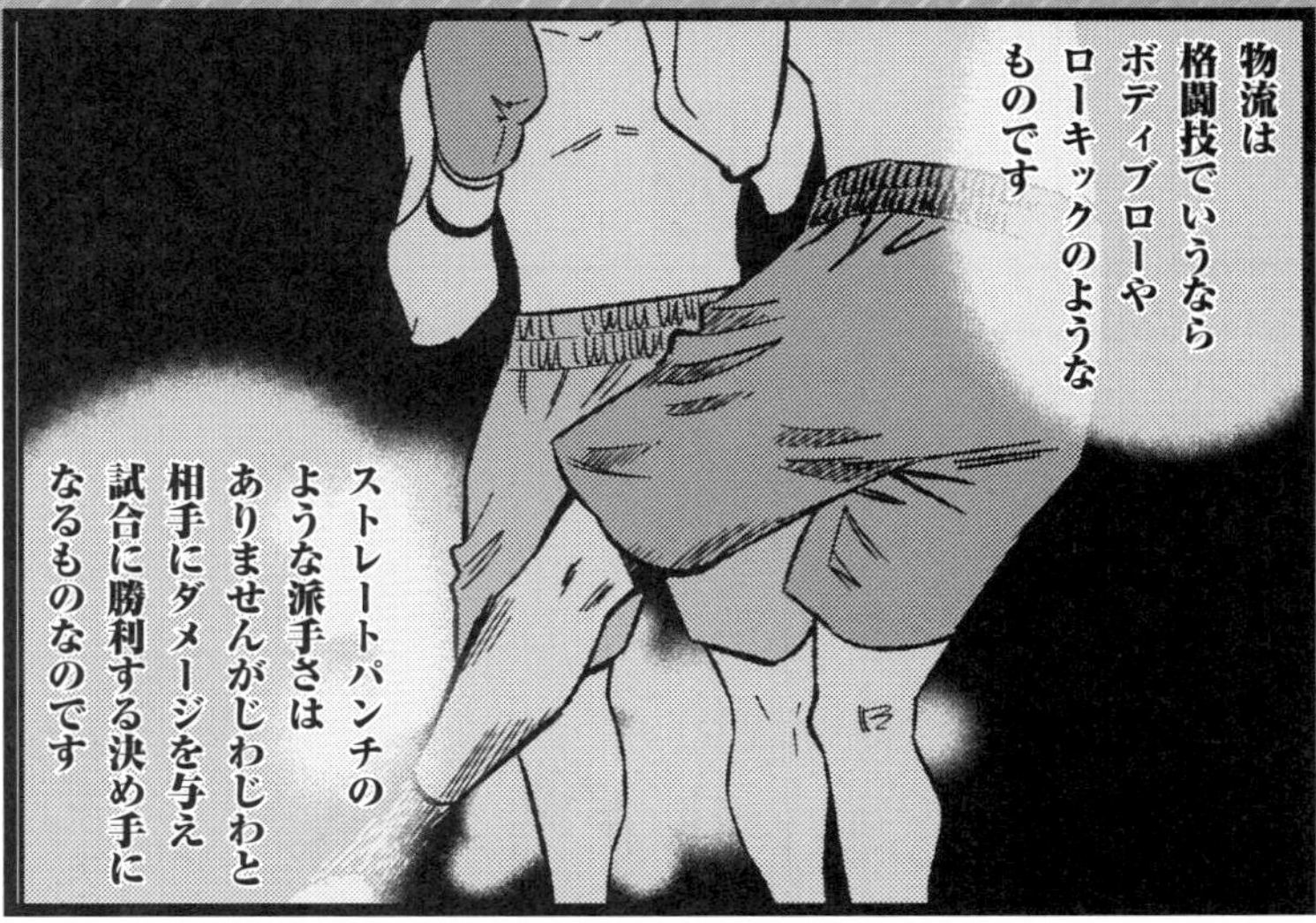

おはよう
ございま～…
あら？
今日なんか
少ないわね
みんな　どこ
行ったの？
それが…
辞めた…!?

はい この1週間で 9人ほど…
ほとんど 全員 じゃない ……!!
気づか なかった… どうして…
は～…
あれだけ 毎日 倉庫に来て 口出しして おきながら 気づかない とは…
だから みんな辞める んスよ
!?
あなたは…
バイトの 富樫ッス
「だからみんな 辞める」って どういう 意味？
パートの おばちゃん達 みんな「ついて いけない」って 言ってましたよ

ついていけない…？何によ？倉庫レイアウト変えたこと？
他にもいろいろあったじゃないスか
急にダブルチェックが義務づけられたりとか
それは…！倉庫がクレームを生むからじゃないの！
そもそも混乱しだしたのは急にオリジナル通販が扱われるようになったりしたからです
それは会社の戦略上…
は～…いっつもその調子ッスね
現場のことなんか考えてない
……!!

ちがうわ！
そうだったけど
私なりに
考えたのよ！
レイアウトの変更
だって今後効率よく
作業できる
ようにって…!!
……………
ちがう…
ちがうのに…
Bouldering

おや？ お久しぶり です
…三井さん お久しぶりです やっと覚えて くれたんですね
ええ 物流を勉強 している 倉庫作業の…
……!!
私は 作業者じゃ なくて デザイナー ……!!
はっ
これよ… これが いけなかった んだわ…
だから みんな……
…なんだか ずいぶん消耗 しているよう ですね
よろしければ お話を 聞きましょうか？

なるほど
パートさんが
大量離職
はい…
いろいろ
お話して
もらったのに
気づくのが
遅すぎたん
です
いま補充の
募集をかけて
ますけど
応募がこなくて…
毎日
私も現場で
夜中まで
発送作業を
してますが
こんなに
大変だとは
思わなかった
指に生キズが
絶えなく
なっちゃって
ボルダリングにも
なかなか来られ
なくて
それで
これから
どうする
んです？

システム化を考えてます
人が集まらないとなるとそれしかないかなって…
気持ちはわかりますが…
まず足元を見直してはいかがです
どういうことですか？
だってもうシステムしか頼るものが…
まず第一にシステム化はかなりお金がかかります
そして第二にやはりシステムだけではダメなんです
システムを動かすのは結局　人ですから

人の部分で日々改善の意識やシステムをうまく使う工夫が蓄積されないと結局は同じことのくり返しです
人が辞めることは品質が落ちていくことだと認識してください
物流は人の部分も大切なのです
だいぶ覚えてきたじゃないスか

バイトく…富樫くん
そろそろオリジナル商品のほうも任せられそうッスね
あれ　形がデリケートだし個人のお客さまだから発送処理が複雑なんスよ
お客さまにはきれいにお届けしたいので
……
みんなそんなふうに考えてくれてたのね…
うちの職場はみんなマジメでしたからね
これでも日々改善の意識は高かったんスよ
「働いていただいてる」って視点が大事だって言われたわ
「4C」においても外の顧客だけでなく中の人も顧客だって考えるんだって

＜マーケティングの４Ｃ＞

①Customer Value(顧客にとっての価値)

②Cost to the Customer(顧客の負担)

③Convenience(入手の容易性)

④Communication(コミュニケーション)

ふーん
いい人ッスね
…ところで
気になってたんスけど
もうすぐ新シーズンだし
商品が増えたりします？
それ…!!
言おうと思ってたの…!!
手一杯なところほんと申し訳ないんだけど
また増えるのよ…!
なにかいいアイデアない？
じゃあExcelとAccessで管理しますか？
うっ また勉強しないと…
俺できますよ
そうなの!?
ええ まあ
簡単なもの限定ですけど

あ 私も Excelなら なんとか…
私もちょうど 覚えたかったわ 習おうかしら
あ…
ありがとう ございます…!!
すばらしい!
良い 従業員さんたち じゃないですか! 大切になさって ください
本当に… 救われました
これからは やはり スーパーコンビニエンス! その中で物流が担う 役割は大きいのです

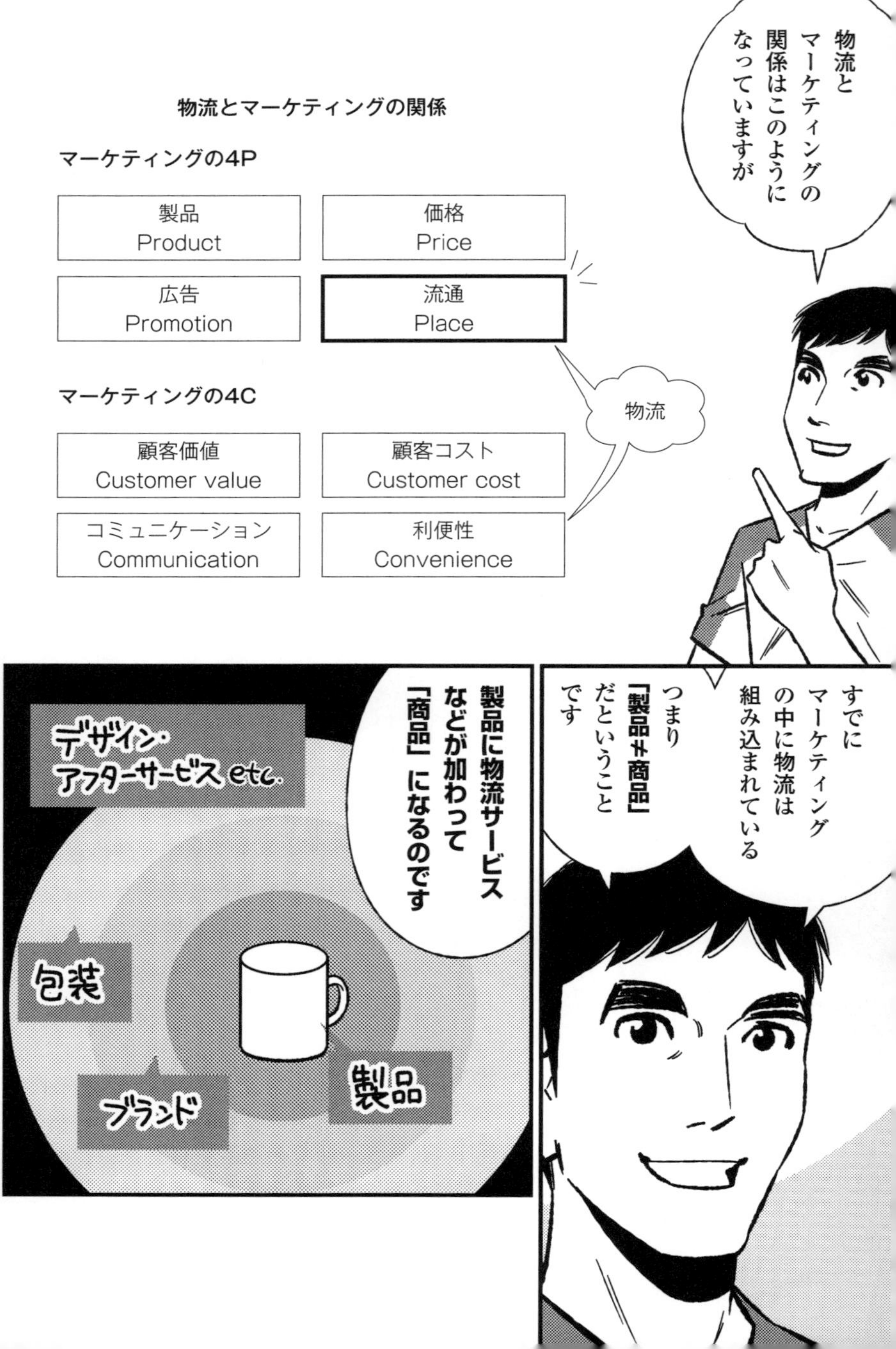
物流とマーケティングの関係はこのようになっていますが
物流とマーケティングの関係
マーケティングの4P
製品 Product
価格 Price
広告 Promotion
流通 Place
物流
マーケティングの4C
顧客価値 Customer value
顧客コスト Customer cost
コミュニケーション Communication
利便性 Convenience
すでにマーケティングの中に物流は組み込まれている
つまり「製品≠商品」だということです
製品に物流サービスなどが加わって「商品」になるのです
デザイン・アフターサービス etc.
包装
ブランド
製品

たとえば
オフィスへの当日配送で
有名なアスクルが
宅配するボールペンと
ディスカウント
ストアにある
ボールペンとは
同じメーカーの
同じ製品であっても
利便性や価格において
まったく意味合いが
変わってきます
基本的に今の時代は
物流サービスレベルにおいて
スピードと品質が求められ
サービス率・納品率は
間違わず出荷するのが
いかに重要か…という時代です
より
正確に
より
早く
もはや俗にいう
ＫＫＤ（経験・勘・度胸）
に頼る管理では限界が
あります
そこでシステムや
機械を導入する
わけです

しかし先に言ったように現場を把握しないまま「システムの導入」が目的になってしまった失敗事例は意外と多いものです
数億円かけたシステムがまったく使えないケースすらある
きちんと現場の意見を聞き親和性を考慮して設計する必要があるといえます
これは私たちコンサルタントが入るときでも同じです
私たちは物流機器メーカーやハードメーカーとは違った第三者的な立場で意見がいえますが自社の実情を十分に理解したプロジェクトチームに参画してもらう姿勢が大切なのです
そしてシステム導入と同時に現場の人財育成もしていく…この両輪が優れた物流現場をつくります

在庫は現金だと思ってください
適切な在庫管理ができるかが明暗をわけます
物流は格闘技でいうならボディブローやローキックのようなものです
ストレートパンチのような派手さはありませんがじわじわと相手にダメージを与え試合に勝利する決め手になるものなのです
ボディブローやローキック…

株式会社 マツユウ
富樫くんたちの協力でしばらくの間はしのげる…
けど これから本格的なシステム導入が必要なのも事実だわ…
倉庫管理システム（WMS）1000万……
では定例会議はこのへんで…
すみません 1つ いいですか

WMSの導入を考えています
つぐみ それは…
先日も言いましたがいずれしなくてはならない改革だと思うんです
だが安いものじゃない慎重に…
見当はつけています中小企業向けで10000万円以上
プロジェクトチームを組んで工場を含めて2ヵ月で完全移行したいと思ってます
これからは多品種・小ロット・受注生産の時代だし回転も早くなるわ
みんなが同じものを着てる時代じゃないんです
オリジナルブランドも右肩上がりだしこの機会逃したくないの
予算が足りないなら
……

株式会社 マツユウ
私の結婚資金を出します!!
あるでしょパパ!? 私の貯金からも出すから…!!
あ…あるにはあるが…
アハハハハ
すごい入れ込みようじゃないのつぐみ
ママ!?
社長…!

休んでなくていいの？
そろそろ外出もしないとね
あなたつぐみがここまで言うなら…
時代は変わってる
これ　つぐみのデザインよ着やすいしステキだわ
ぜひお客さまに着ていただきたいわ
「結婚資金で導入したＷＭＳ」はその後語り草となった――

第3章

# 物流で成長する

## 3-1 物流はボディブロー・ローキック

### ◇派手さはなくてもダメージは致命的

ボクシングにおけるボディブロー、空手やK－1などのローキックは、一撃で相手を倒すというよりも、コツコツと急所を狙って打ち続けることによって、相手にダメージを蓄積させせます。

物流は、ボディブローやローキックのようなものだと言われています。物流はどちらかというと地味で、一発KOという派手さはありません。しかし、そのダメージは計り知れず、相手は急に倒れ込みます。これが物流の力です。

競合相手よりわずかでもサービスレベルが高ければ、少しずつではあってもお客さまは自社に移ってきます。それはたとえば、誤出荷が少ない、早く届ける、早朝・深夜に届ける、欠品が少ないなどであり、こうした差によって知らず知らずのうちに競合相手はダメージを受けていきます。

まさに物流は格闘技そのものです。地味ではあっても、日々のピッキング、検品、梱包作業で1秒、2秒のムダを省く物流改善の努力を怠ると、後から品質ミスやクレームなどの形でボディブローのように効いてくるのです。

1件のミスやクレームを放置してしまうと、すぐにSNSなどによって悪い情報が拡散し、企業の評判が下がって仕事が来なくなってしまいます。

物流現場のムダな作業の1分、1秒がコストにつながります。現場でのムリ・ムダ・ムラを削減して、強い現場をつくっていかなければなりません。

## ◆ムダを見つける4つの視点

では、物流現場のムダは、どのようにして見つけるのでしょうか。ムダを見つけるには、次の4つの視点があります。

① その作業工程自体は必要か
② 別の作業工程と一緒にできないか
③ その作業自体をもっと短時間でできないか
④ 作業の手順が誰にでもできるように標準化できないか

この視点をもとに、現在の物流現場の仕事を定期的に見直す必要があります。こうして3ヵ月、6ヵ月と定点観測していくと、多くのムダが見えるようになってきます。たとえば、それがパート社員・アルバイト社員の動きのムダだとすると、

①何かを考えていて手が止まっている
②何かを探している
③仕事を待っている（手待ち）
④指示されていない仕事をしている

などがあげられます。そうしたムダを見つけたら、即改善をしてください。ちなみに、ムダなく働けるようにするための「7つの【ない】」として、

①歩かせない
②書かせない
③持たせない
④待たせない
⑤探させない
⑥考えさせない
⑦誰でもできる

があります。この視点で自社の現場作業を点検してみてください。

現場改善に終わりなしです。これでいいと思ってしまったら、その時点で現場は退化してしまいます。全員が一丸となって、日々の物流現場改善に取り組んでください。

## 3-2 これからはスーパーコンビニエンス

### ◇4Pと4C

マーケティングの4Pを知っていますか？　マーケティングの授業ではまず最初に教えられる、Product（製品）、Price（価格）、Promotion（プロモーション）、Place（流通）のことを指します。この4つの要素をもとに、顧客への商品やサービスをつくると、抜けや漏れがなく考えられるというテンプレートのようなものです。見込み客に向けて4つの要素を組み合わせてアプローチすることから「マーケティング・ミックス」とも言われます。この4Pは、メーカーから顧客への視点で考えられています。

一方、4Pがメーカー視点であるのに対して、4Cは川下と言われる消費者からの視点で考えられたテンプレートです。Customer Value（顧客が感じる価値）、Custeomer Cost

| 4P<br>企業視点の要素 | | 4C<br>顧客視点の要素 |
| --- | --- | --- |
| Product【製品】 | ⇨ | Customer Value【顧客が感じる価値】 |
| Price【価格】 | ⇨ | Customer Cost【顧客にとっての費用】 |
| Promotion【販促】 | ⇨ | Communication【顧客との対話】 |
| Place【流通】 | ⇨ | Convenience【顧客利便性】 |

**図3・1** ● 4Pと4C

（顧客にとっての費用）、Communication（顧客との対話）、Convenience（顧客利便性）の4つの要素があります。たとえば、4Pのプライスは原価積上げの絶対額ですが、4Cの顧客コストは、たとえば小学生と社会人の金銭感覚までも加味します。160円のペットボトルを社会人は悩むことなく買いますが、小学生には高くて買えません。10円のうまい棒を買うでしょう。このように、メーカー視点と消費者視点では見え方がまったく違うのです。

### ◇消費する側に立ってサービスを考える

モノが少なかった1960年代は、企業（販売）側・製品優位の時代であり、4Pの考え方が求められていました。まさに大量生産の時代で、１つの商品を多くの見込み客に売るという考え方が一般的でした。

しかし、１９９０年代以降はものが行きわたった成熟した世の中になり、他人とは同じものを持ちたくない、自分にとって必要なものだけを買うという時代になりました。この消費者・顧客優位への移り変わりによって４Ｃの考え方が浸透し始めています。このように、時代の変化に合わせて、徹底的に「消費する側に立った視点でサービスを考える」時代となっています。

物流は、こうした生活習慣の変化にも応えています。とくにコンビニエンスストアは、都市部を中心として24時間営業の店が多く、商品供給は深夜も定期的に行われています。たとえばスーパーマーケットとコンビニエンスストアがあるとします。消費者はちょっとした買い物ならば少々価格が高くても、遠くのスーパーより近くのコンビニエンスストアを選びます。それは価格よりも利便性を優先しているからです。

顧客の対象となる目に触れる場所に商品があり、顧客が買いやすい状況をつくる、それを実現するのが物流、サプライチェーンです。「付加価値」がつくので売価も上げられます。これが経営戦略であり、戦略にのっとった物流がなされているわけです。

さらに現代では、消費者はより強欲にスーパーコンビニエンス（徹底した利便性の追求）を求める時代に突入しています。セブン‐イレブンや吉野家、マクドナルドなどはまさにスーパーコンビニエンスを追求して、24時間365日営業でクイックサービスを展開しています。ドライブスルーなども、まさにスーパーコンビニエンスを実現した形態だと言えます。

## 3-3 物流サービスという付加価値

### ◇「送料無料」ではなく、本来は「送料込み」

私たちは、インターネットで商品を探す場合、できるだけ送料無料の商品を購入しようとします。しかし、よく考えてみると、1本のボールペンから大きな家具まですべて「送料無料」というのはありえません。受注する物流システムや在庫を管理するシステムの導入費用や維持管理費、商品をピッキング、検品、梱包する人件費やその商品をお届けする運送会社のガソリン代、ドライバーの人件費など、本来はタダでお届けすることは不可能です。

つまり、「送料無料」という言葉で見えにくくなっていますが、本来は物流にかかる費用を荷主企業が負担しているので、「送料込み」という表現が正しいのです。

このように、本来は送料込みであるにもかかわらず、通販会社が「送料無料」と銘打つのは、消費者が飛びつきやすいからです。消費者は、送料無料、金利手数料無料、取付け費用無料などの「無料」という言葉に弱いのです。ただ、無料と言っていても、購入価格は物流サービスなどを含んでの商品代金だというのは消費者も知っています。

## ◇製品＋物流価値＝商品

１００円ショップのマグカップと無印良品のマグカップ、価格差は6倍以上もあります。なぜ１００円ショップの商品は１００円で販売できるのでしょうか？

１００円ショップの商品は、荒利が10円のものもあれば50円のものもあり、それぞれ粗利が違っています。そこで品揃えを多くして、利益率が高いものと低いものを一緒に、より多く買ってもらうことで、全体として利益を生み出しています。商品によっては、海外で１００万個単位を大量生産して、卸を通さずに直送することで原価・物流コストを抑えています。

また、アスクルとコンビニで買う鉛筆は同じ品物でありながら値段が違います。では、アスクルはなぜコンビニよりも安い価格で商品を提供できるのでしょうか。それは、物流の差だといえます。

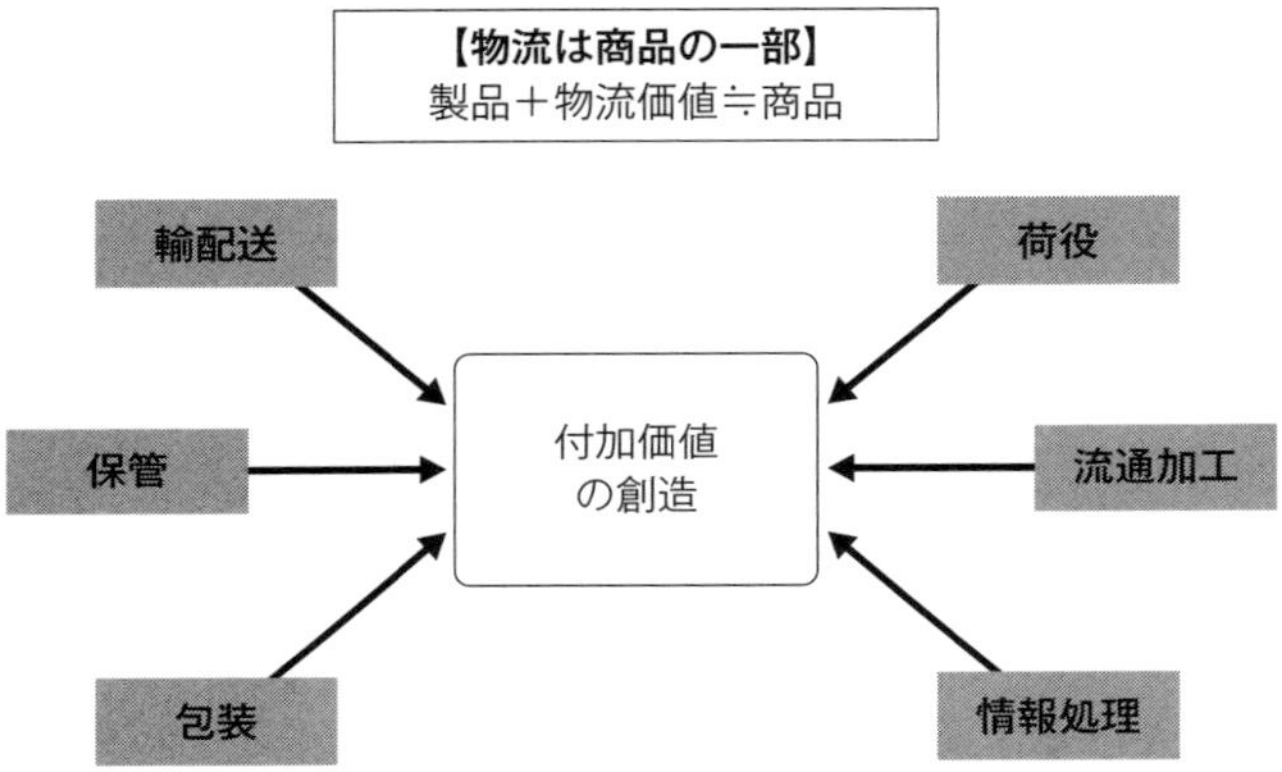


**図3・2** ● 物流サービスによる付加価値の創造

コンビニのように店舗を構えていると、店員の人件費や店舗の地代、光熱費などの維持費がかかります。24時間365日営業していれば、その利便性を提供できるものの、その分の費用が商品に反映されて、商品の値段は高くなってしまいます。

一方のアスクルでは、店舗の維持費がかかりません。巨大な物流センターと、注文から20分で出荷できる独自の物流システムを構築することで、鉛筆1本から安価に提供できる仕組みが構築されているのです。お客さまからの注文は、物流センターに瞬時に受注データとして取り込まれ、注文品1つひとつの荷物に番号を紐づけ、自動的に容量を計算して箱の大きさを選択し、発送ラインが選択されます。さらに1件ごとの注文に従って自動で発送伝票・納品書が印刷され、自動コンベヤに載せられた折りたたみコンテナがセンター内を流れ、ピッキングの作業員が注文品を箱に詰めて方面別に出荷する、この一連の流れをわずか20分で実現しているのです。

お客さまがほしい商品を、安価にすぐにお届けする独自の物流システムが、商品の値段の違いにつながります。物流サービスという付加価値を創り出すために構築された物流システムが勝敗のカギを握っているのです。

# 3-4 物流サービスレベル：スピード

## ◇サービスとコストのトレードオフ

私たちは、電車やバスなどの移動の途中であってもスマートフォンで注文して、商品をその日のうちに受け取ることができます。楽天の「都内の一部地域での20分以内の配送サービス」、Amazonの「プライム会員向けの1時間以内の配送サービス」、アスクルの「1時間単位での配送時間指定サービス」など「時間」をキーワードにしたサービス競争が激化しています。つまり「早く届く」ことが私たちにとって当たり前であり、その価値が商品購入の前提条件となっています。

しかし、その早く届ける物流を支える運送・物流の現場は、かつてないほど過酷な労働状況になっています。24時間365日、物流センターを稼動して、注文された商品を早く届けるのは、そう簡単なことではありません。お客さまへのお届け頻度や時間指定といった物流品質を上げようとすればするほど物流コストはかかります。コストとサービスのトレードオフの関係も勘案しながら物流ネットワークを考えなくてはなりません。

## ◈物流効率化3つのポイント

では、物流ネットワークの効率化において、考えるべきことは何でしょうか。ポイントは3つあります。

まず、「物流サービスレベル」の決定です。どのお客さまにどの程度の物流サービスを提供するかというルールの作成です。利益がなかなかあがらない時代なので、当日配送や時間指定配送などの物流サービスレベルを引き上げるには、配送費用が重くのしかかってきます。次は、「物流拠点の再編」です。物流拠点が多すぎると、現場の管理運営費や人件費、在庫量増加などムダが発生してしまいます。最後に、「配送会社・配送方法や配送ルートの定期的な見直し」です。新規のお客さまを取り込んでいくためにも、大手の運送

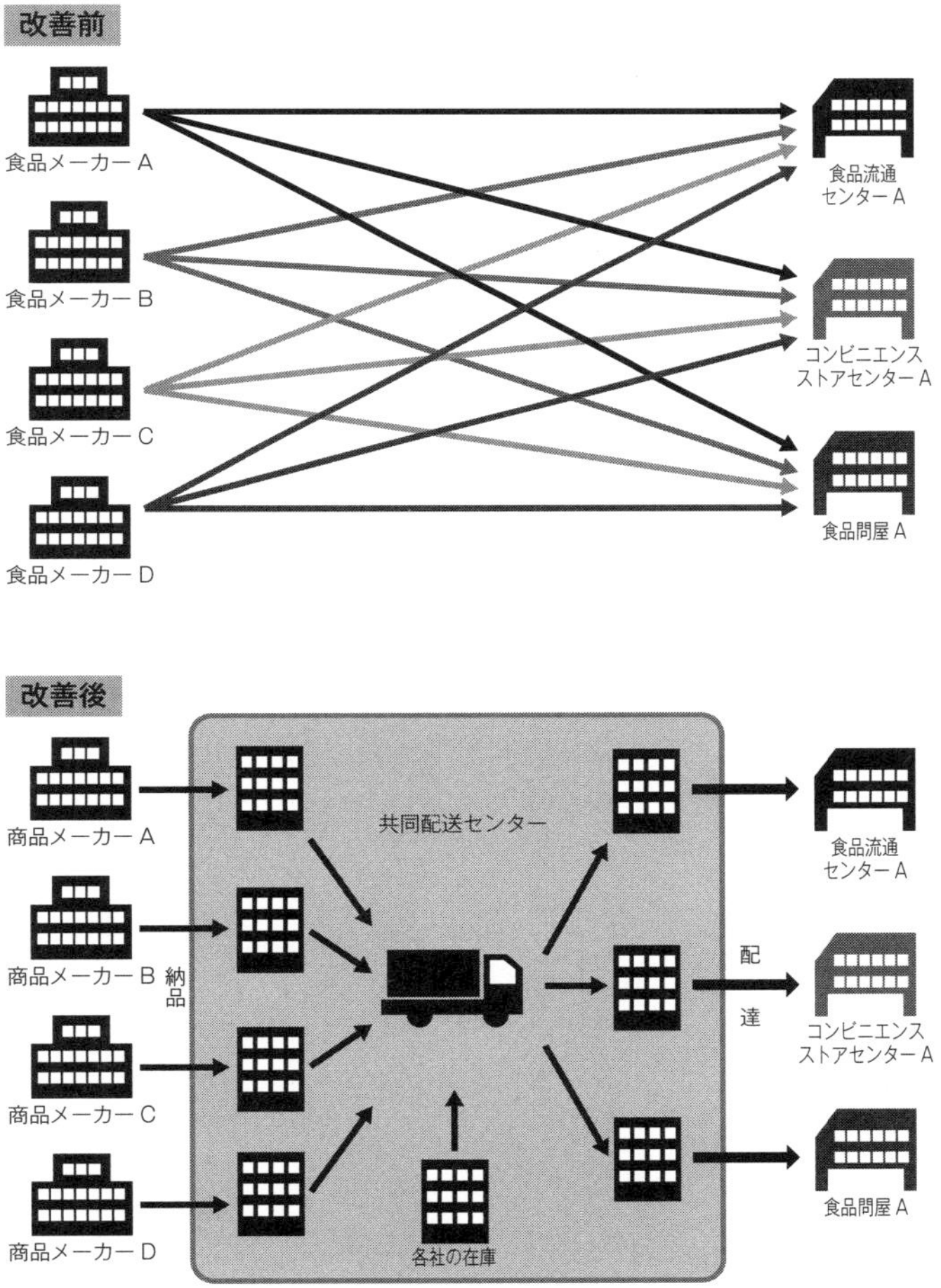


**図3・3 ● 物流ネットワーク再編の例**

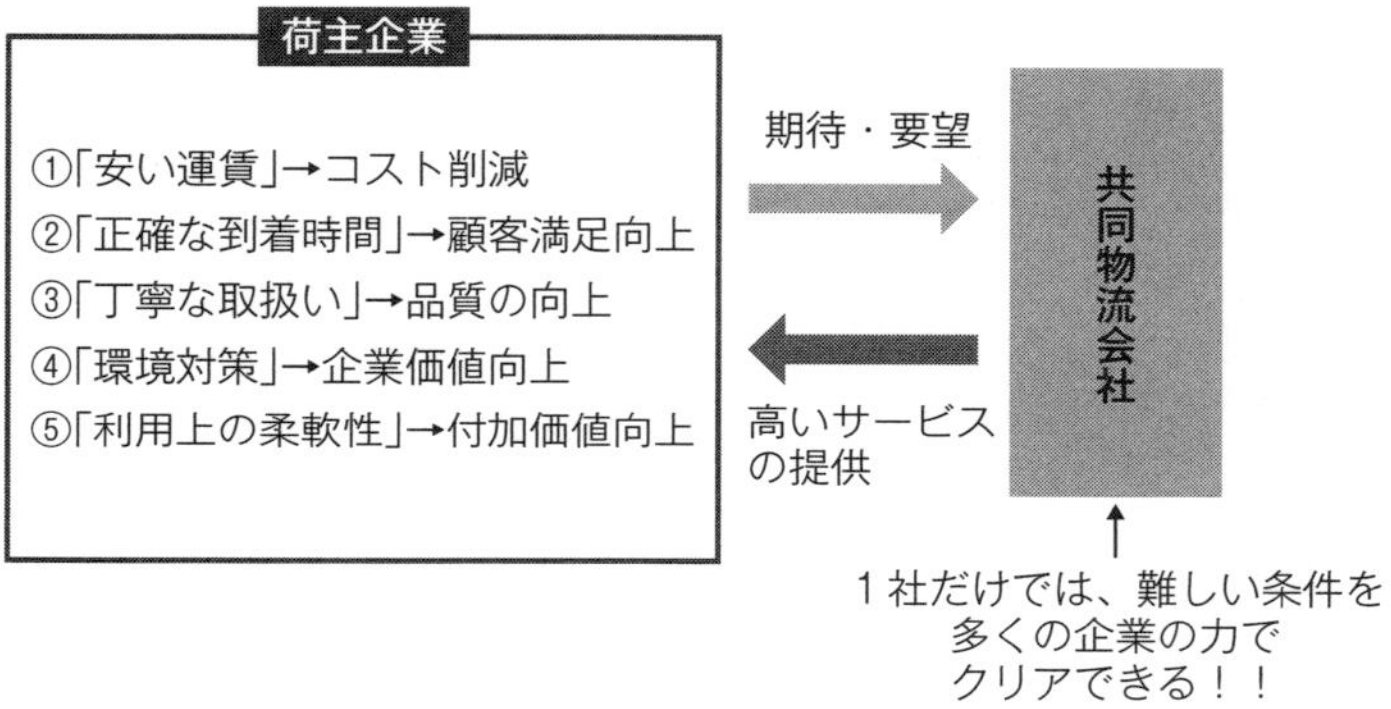


**図3・4** ● 物流は共同で、競争は店頭で

会社、宅配会社以外の地場の運送会社や軽貨物配送など、お客さまへのラストワンマイルを支える物流ネットワークの見直しが必要になります。

たとえば、食品の生産者（メーカー）が個別に物流センターに納品していたら、輸送コストが高くなるだけでなく、引取り先の荷受作業、伝票処理などにも手間がかかります。そこで、1台の大型トラックで共同配送をすると、物流の効率化を図ることができます。さらに共同の物流センターを設けて各メーカーの商品を管理すれば、より効率化することもできます。現状では共同物流はうまくいかない場合が多いのですが、今後はこの流れが加速していくと考えられます。

さらに、人手に頼るだけではなく、ロボットやＡＩを活用した倉庫管理システムや最先端のマテハン機器などを活用した大規模な物流センターを構築するなど、顧客の求める物流スピードに合わせて進化し続けなくてはなりません。

## 3-5 物流サービスレベル：サービス率・納品率

### ◇サービス率と欠品率

小売業において、顧客への重要なサービスとは、

①　品揃え（品数と数量：サービス率と欠品率）
②　価格
③　配達

などがあげられます。とくに小売業では、サービス率と欠品率（品切れ率）の2つが重要な指標になります。

サービス率とは、注文に対して品切れを起こさずに対応できる比率のこと、欠品率（品切れ率）とは、注文に対して品切れや物流センターの誤出荷などのミスによって納品でき

なかった比率をいいます。よく「サービス率＝1－欠品率」で表されていますが、実際にはこのような簡単な式で表せるようなものではありません。たとえば、欠品が発生したとしても、他の物流センターや二次、三次卸から納品してもらえれば、納品率は維持できます。このように、卸の商品供給力や物流力が納品率に影響してくるので、大手卸売業などでは、納品率を非常に意識しています。

確かに、発注どおりに納品されれば、納入率は100％です。しかし、残念ながら納品率100％はあり得ません。バイヤーの商品販売計画のミス、メーカーの需要予測の外れや物流センターのミスなどが発生して、納品率は100％にはなりません。納品率の低下は店舗に販売機会ロスを生じさせることになります。そこで安全在庫を増やすなどの対策が取られ、発注点が変更されたりします。また販売機会ロス（チャンスロス）をなくすため、営業マンは多めに在庫を持ちたがるという傾向もあります。

## ◇2極化する物流システム

小売側からすれば、納品率の良い卸売企業と取引したいと思うのは当然です。しかし、大手卸と取引をして物流を管理してもらうには、それなりに高い物流費がかかります。高度な物流システムやマテハン機器などに多額の物流投資を行っているからです。

セブン‐イレブンやファミリーマートなど大手コンビニの物流企業、ＰＡＬＴＡＣやアルフレッサなど医薬品大手卸などは、限りなく１００％に近い99・99％以上の高い納品率を維持するために、物流システムに積極的に投資しています。また、ニトリの物流子会社・ホームロジのロボット倉庫（ノルウェーのハッテランド社製）や、日雑卸のあらたで導入されたＡＩを活用したピッキングカート、大阪の食品卸・尾家産業の音声ピッキングシステム（ヴォコレクト社製）やＤＨＬサプライチェーンのピッキングシステム（ＭＡＧＡＺＩＮＯ社製）など、ミスを減らすためのさまざまな物流システムが導入されています。このような物流投資をしてきた結果、大手卸と小売店舗の物流システムにおいては、ミスが１００万分の１に近い、99・９９９％を達成し、店舗での「ノー検品」という物流の効率化が図られているところもあります。

しかし、中小の物流企業や卸では、相変わらずバーコードによる検品というように必要最低限の倉庫管理システム（ＷＭＳ）で管理しているので、ミスが多いのが実情です。とくに、誤出荷の中でもっとも多い「商品の同梱漏れ」に対しては、徹底した対策が求められています。

# 3-6 在庫は現金と思いなさい

## ◇在庫に関わる問題とは？

在庫とは、お客さまから預かっている商品であり、お金です。物流企業は、それを間違いなく出荷して利益を得ているのです。１個の商品を紛失するというのは、現金がなくなるのと同じことだと考えてください。

しかし、物流センターでは、理論在庫と実際の在庫がずれることが頻繁に起こります。この問題は、中小企業だけでなく、大企業でも同様に発生しています。では、なぜこんなにも在庫のずれが生じてくるのでしょう。代表的な原因とは以下の４つです。

① 在庫管理システムへの入力ミス（二重入力、数字間違いなど）
② 営業担当者の数字操作のミス（意図的操作、売掛金回収のズレなど）
③ 物流現場での作業ミス（誤入庫、商品違いなどの誤出荷、庫内破損、盗難など）
④ 現場在庫ルールが曖昧（サンプル品の営業マンの持ち出し、返品破損品の再生など）

ある職場では、『在庫＝罪子』と書いて、在庫は悪だと言われていました。余計な在庫があるから間違いが発生するのだということでした。

確かに在庫を多く持ちすぎると、次のような5つのリスクを抱えることになります。

① 廃品リスク：売れ残り商品の値引き販売（※原価割れ）・廃棄による損失
② 損傷リスク：在庫の長期保管による商品の鮮度劣化による処分、値引き、再生品処理
③ 盗難リスク：在庫期間が長くなると、出入りする業者や現場で働く人に盗まれる
④ 移送リスク：売れない商品を他の地域に横持ちする費用がかさむ
⑤ 在庫金利リスク：『保有コスト÷在庫金額＝在庫金利』在庫量がかさむほど高い利率

## ◇適正な在庫管理を実現する

しかし、受注したらすぐに出荷するためには、ある程度在庫に余裕を持っておかなければなりません。そこで「適正な在庫管理」をする3つのポイントを紹介します。

① 倉庫管理システム（ＷＭＳ）の導入

中小企業では、いまだに基幹系の販売管理システムを元にした簡単な在庫管理の仕組みしかないところが多くあります。こうしたところでは、独自の在庫管理システムがないために、煩雑な管理で対応しています。倉庫管理システム（ＷＭＳ）を新たに導入することで、飛躍的に在庫管理の精度が上がります。

② 物流現場のロケーション管理の徹底

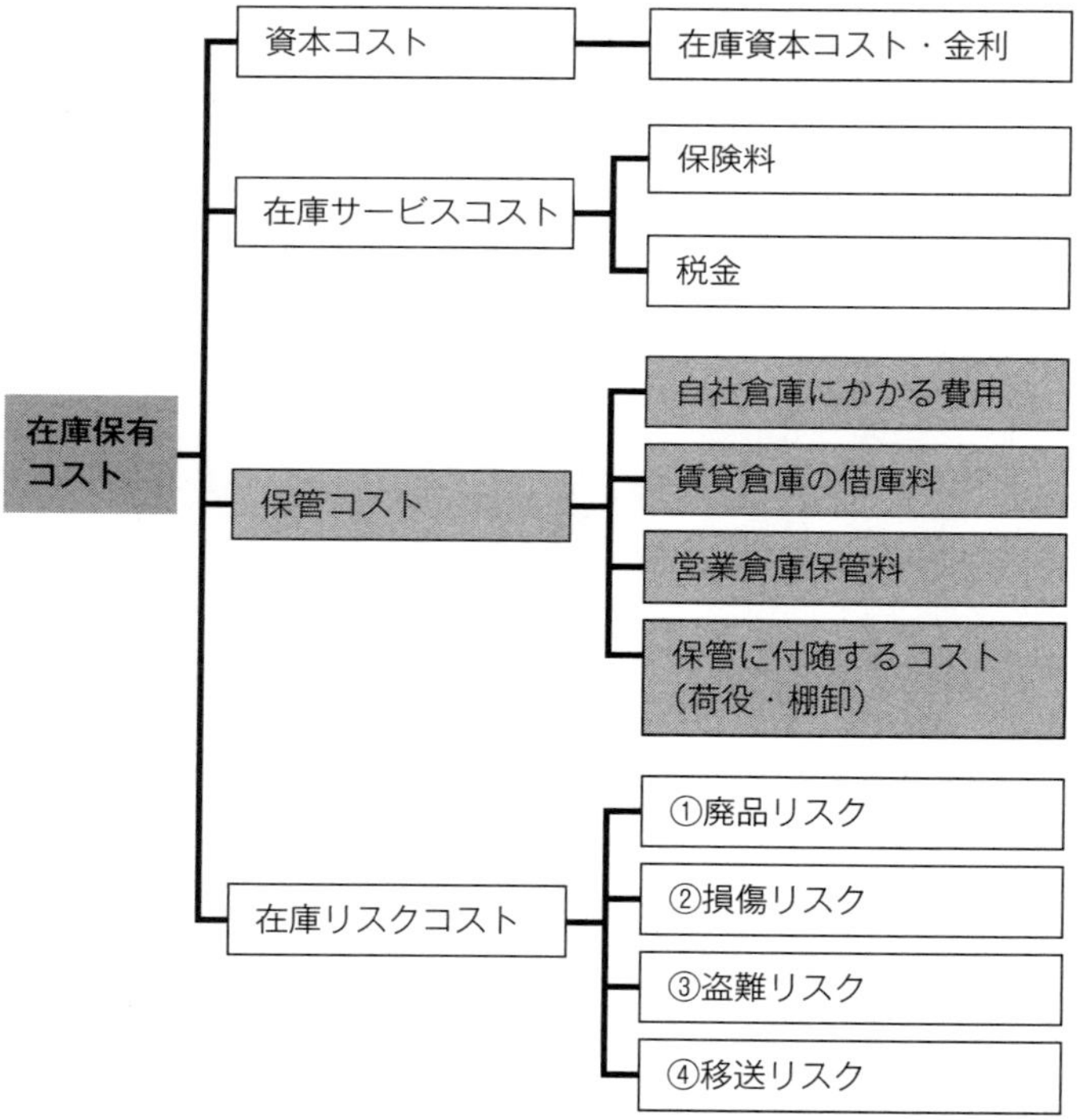


**図3・5** ● 在庫保有コストの内訳

作業の初心者にピッキングリストを渡して、1分以内に目的のロケーションにたどり着けなければ、適切なロケーション管理をしているとは言えません。1人が1日に5分間商品を探していたとすると、1ヵ月で2時間30分ものムダな時間が生じてしまったことになります。誰もが探すことなくピッキングできるようなロケーション管理を徹底してください。

③　棚卸による業務改善

棚卸は、ただ資産としての数を合わせるのが目的ではありません。いつも数量が合わない商品や棚卸誤差率の高いアイテムはなぜ在庫が合わないのか、その原因を探って改善をするために行っています。

## 3-7 現場の生産性向上はパート社員の管理から

### ◇パート社員管理のコツ

パート社員の管理が徹底できていなければ、現場の生産性は向上しません。物流現場の生産性向上は、管理者最大の大切なテーマです。1日でどれだけ出荷できるかはセンター長、現場リーダーの力量にかかっています。

パート社員は、感情のない機械やロボットではありません。日々、モチベーションを高めてやる気を出してもらわなくてはなりません。そのための施策をいくつか紹介しましょう。

まず1つめは、朝礼、午後の仕事始め、夕方の仕事終わりと1日3回現場を見て回り、パート社員と会話することです。その際は1人ひとりを名前で呼んで、作業での困りごとを聞くのがコツです。簡単なことですが、できていない現場リーダーは多いものです。イー・ロジットでは、毎月、おやつ会を開いたり、誕生日にクオカードをプレゼントしたり、家族も含めた新年会を開いたりと、パート社員の1人ひとりに働いてもらっている感謝の気持ちをイベントで伝えています。

2つめは、社員とパート社員との差をできるだけ付けないということです。イー・ロジットでは、ロジスティクス管理3級などの資格を取るとお祝い金が出ますが、社員、パート社員、アルバイトすべてが同じ金額です。差を付けないことで、パート社員の積極的な関与を引き出しているのです。

3つめは、人時生産性を高めていくために、ストップウォッチを持って現場作業を測定し、生産性の目標値を数字で把握することです。物流の作業は、個人差があり、スピード、正確性などはさまざまです。それぞれ能力差はありますが、ミスの多い人や作業の遅い人には、1時間当たりの最低限の目標値を達成できるような作業の仕方を徹底して指導しなくてはなりません。

4つめは、倉庫管理システム（WMS）の活用です。ピッキングや梱包作業などは、個人の生産性を簡単に取得できるので、そのデータを現場で見えるようにすることが現場の人時生産性のカギとなります。1日の物量や件数、作業人数、作業終了時間、個人の生産性などをホワイトボードに書いてパート社員に示します。やってもやらなくても評価が同じとはならないように、がんばっているパート社員を評価して作業者意識の向上を図るのがホワイトボードの重要な役割です。単純な作業が多い物流の現場だからこそ、よく働く人を評価しないと、荷物が多くても少なくても終わる時間が同じといった手抜きの作業が慢性化してしまいます。

最後は、物流現場のものの滞留とボトルネックとなる問題点を日々改善することです。生産性のよいパート社員の作業を研究して、そのやり方を他のパート社員にマネてもらうために、ロールプレイングをして教育指導することで、現場の生産性をさらに上げていくことができます。

## 3-8 品質＝人質《じんしつ》、人の能力が品質を決める

### ◇組織はリーダーの力量以上にはよくならない

多くの物流現場では、体系立った現場教育が行われていないのが現状です。「現場の仕事は実地で学べばよい」との発想から、現場に放り込んだら後はリーダーに任せるというやり方が何十年も続けられてきました。これではよい人財は育ちません。

そもそも、現場リーダー自身が物流を体系立てて学んだ経験がないのですから、我流になってしまっています。こうして効率が悪い仕事が脈々と受け継がれてしまうのです。組織はリーダーの力量以上にはよくなりません。まずは、現場リーダーの人財育成が必要です。

時代の要請は「より早く商品を届けるスピード配送」であり、見よう見まねで仕事を覚えている時間はないのです。正しい仕事のやり方をいち早く覚えて物流現場の全員で実践していくことが求められます。

## ◇物流人財の育て方

では、どのようなステップで物流を学べばよいかというと、ハードスキルとソフトスキルの両輪で学ぶようにしてください。まず、物流のハードスキルとして、物流の用語や意味をしっかりと身に着けることがスタートです。輸送と配送の違い、タリフ、才数、パレット、マテハン、ユニットロード、WMS、TMS、物流コスト計算、国際物流、物流拠点政策、物流法規や約款などについて学びます。

物流の現場にはさまざまな機械、システム、ロボットが稼動しています。その仕組みを理解する前に、まずは基本的な物流の用語や歴史、マクロでグローバルな物流の流れといった基礎から時間をかけて学ぶことが大切です。あわてずに、物流のオペレーションや管理を3年程度かけて、現場の実務と合わせて学んでいけば、実践で使える知識が身についていきます。

おススメは、「ロジスティクスBASIC級」「ロジスティクス・オペレーション3級」「ロジスティクス管理3級」（中央職業能力開発協会）の公的資格です。安価で物流のハードスキルが学べ、物流唯一の公的資格試験として受検者数も増えており、業界のスタンダードになっています。

次にソフトスキルを学ぶならば、コーチング、アンガーマネジメント、ファシリテーション、プレゼンテーション、チームビルディングなどが現在多くの物流企業研修で取り入れられています。物流の現場は転職者が多く、年齢層も10～60代と幅が広く、派遣社員やアウトソーシング先の社員など立場も年齢もバラバラなので、コミュニケーションに悩むリーダーが多いのが実態です。コーチングなどのコミュニケーションスキルをしっかりと学んで、現場のパート社員やアルバイト社員、派遣社員とのコミュニケーションをとって、離職率があがらないように職場環境を良くしていくことが今の物流現場においては求められます。

品質＝人質《じんしつ》です。一部の大手企業では、ピッキングロボットやマテハン機械、自動倉庫などの高度な物流システムが導入されていますが、7割以上の中小の物流センターでは、人を中心とした現場作業が中心です。人によって仕事の速さ、生産性、ヒューマンエラーが左右されます。こうした環境の中で効率的な現場教育を行い、1人ひとりの能力を上げ続けていくことが、安定した品質を保てる現場作りの基礎になるのです。

第4章

# これからの物流

STORY

## 利益の源泉は物流にあり！

結婚資金で導入したシステムに移行をすすめています——
株式会社 マツユウ
あ…あれっ⁉もしかして二度読み取ったかしら…⁉
見せてもらえます？
ああ大丈夫です
これは…
みんなの協力で物流の現場は成り立っているんだなと実感します

つぐみさんーーー
ちょっといいですか
あら総務の…どうしたんですか？
じつは先ほどチーター運輸さんがいらっしゃいまして……
運賃値上げ？
価格改定のお知らせ

そうなんです
昨今の情勢で
避けられない
と…
この
値上げ幅は
ちょっと
響くわね…
わかったわ
経理とも
相談してみる
運賃
値上げ
ですか
困りますが
しかたない
かなとも…
運送業界も
たいへん
なんですよね？
そうです
ねえ
深刻です
まず
トラックドライバーの数が
慢性的に不足しています
理由はやはり
「きつい仕事」
という
イメージが
あるからです
きつい
きたない
帰れない

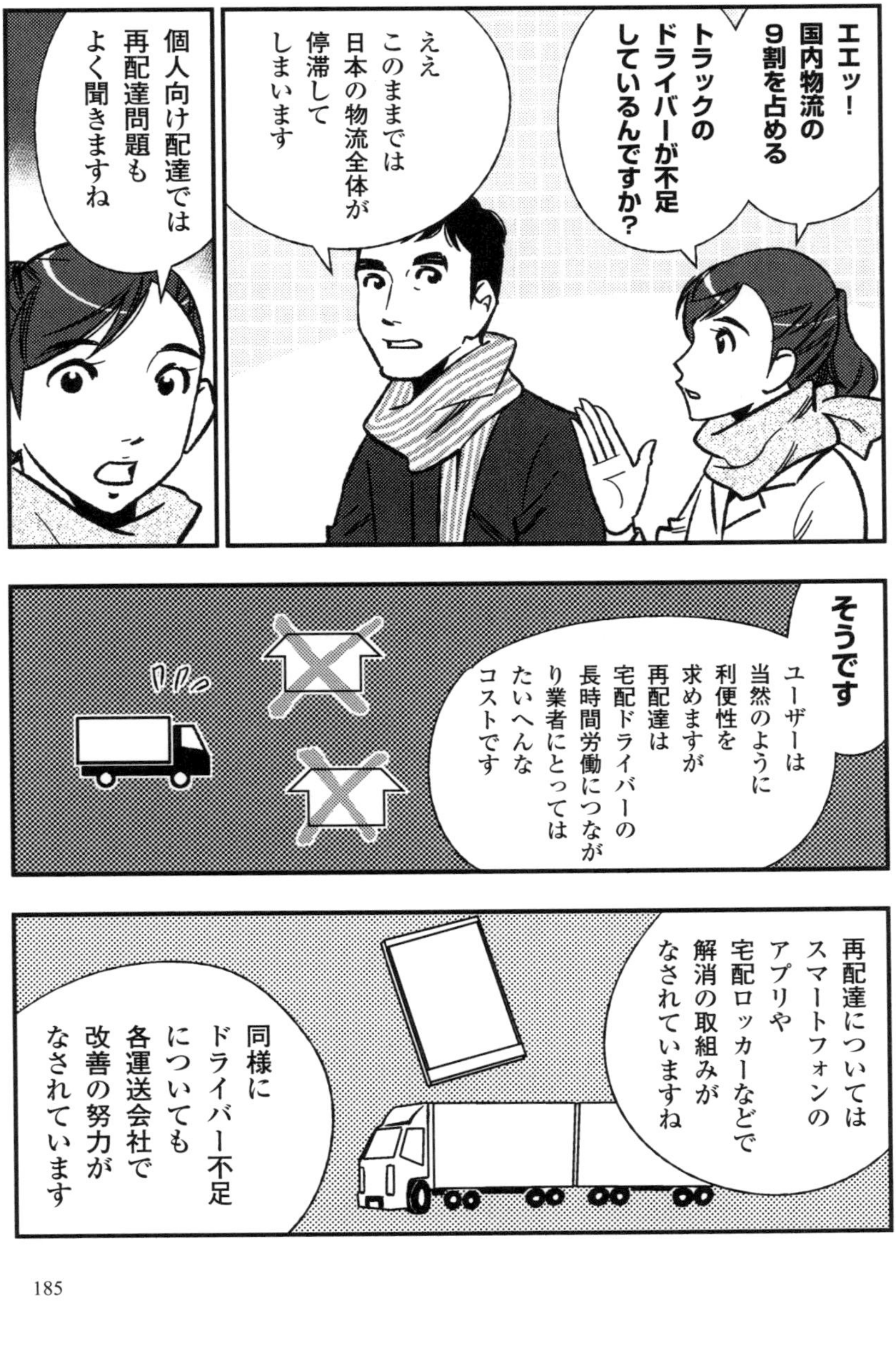
エエッ！ 国内物流の9割を占めるトラックのドライバーが不足しているんですか？
ええ このままでは日本の物流全体が停滞してしまいます
個人向け配達では再配達問題もよく聞きますね
そうです
ユーザーは当然のように利便性を求めますが再配達は宅配ドライバーの長時間労働につながり業者にとってはたいへんなコストです
再配達についてはスマートフォンのアプリや宅配ロッカーなどで解消の取組みがなされていますね
同様にドライバー不足についても各運送会社で改善の努力がなされています

しかし「適正な運賃」が支払われることがまず大事だと考えます
運送会社もコストダウンの努力を続けますが限界が来ているので荷主さんにも負担をしてもらうのです
このへんは荷主さんにもご理解いただきたいところです
ううっ
このように「ものが届く」のは当たり前ではありませんまして時代は〝スーパーコンビニエンス〟です
迅速 的確
より早くより正確に届けるには運送会社との協力を強化する必要があります

かと言って支払える料金にも限界が…
数週間後――
今週のお客さまのご意見なんですけれど…
「注文してから到着までの期間が伸びたような気がします」
「以前のようにもっと早く届けてください」とのことです
同様のお声が他にも3通ほど…
運送会社さんの集荷の回数を減らしたからだわ
ちょっと前に週4から週3になったのよ

うむ…集荷頻度が減れば到着は遅くなるな
このままだと売上に影響が出そう
やっぱりお届けの早さは維持しないといけないんだわ
だけどそうすると運賃が…
お客さまに負担していただくのは？
それはちょっとやるとしても一番最後の手段だわ
一度上げたサービスレベルはなかなか下げられない
考えなくちゃいけないわね…
う～んう～ん…

通り
ま～す
ご…ごめん
なさい！
考えごと
してて
いえいえ！
毎度お世話に
なってます
運送会社は
下請けではなく
協力会社
なのです
よみがえる
小言
いつも集荷
ありがとう
ございます
アハハ
仕事ですから
当然ですよ
近頃
こまかい荷物が
増えてお手数
おかけします
今どこの
荷主さんも
そういう傾向
ですからねえ

そういえば この個人 向けの お荷物とか
もう少し スリムな箱に してもいいと 思いますけどね
横開きの 形なんかも かっこいい ですよ
あと 定期的な納品は 段ボールでなく オリコンにして しまう会社さんも あって…
なるほど なるほど！
なんか Tシャツの在庫 また増えてない？
そうねえ
どうしたん ですか？
営業さんが いつでも 売れるものだからって 在庫増やすん ですけれど
置き場所に 困っちゃう

…とかいう問題もあったりして
そこは需給予測をして小ロット生産にしていこうと思うんですよ
みなさんの意見を伺いながら小さな改善をがんばってるんですけれど…
どう思われます？
そうですねえ
梱包改善などは荷主の仕事として大切ですね
ただ在庫においては需給予測も大切ですが
予測は外れることがよくある
たしかに…去年売れたものが今年も売れるとは限らないし…
それよりは営業の販売計画や製造の生産計画を短サイクル化するほうがいいと思います

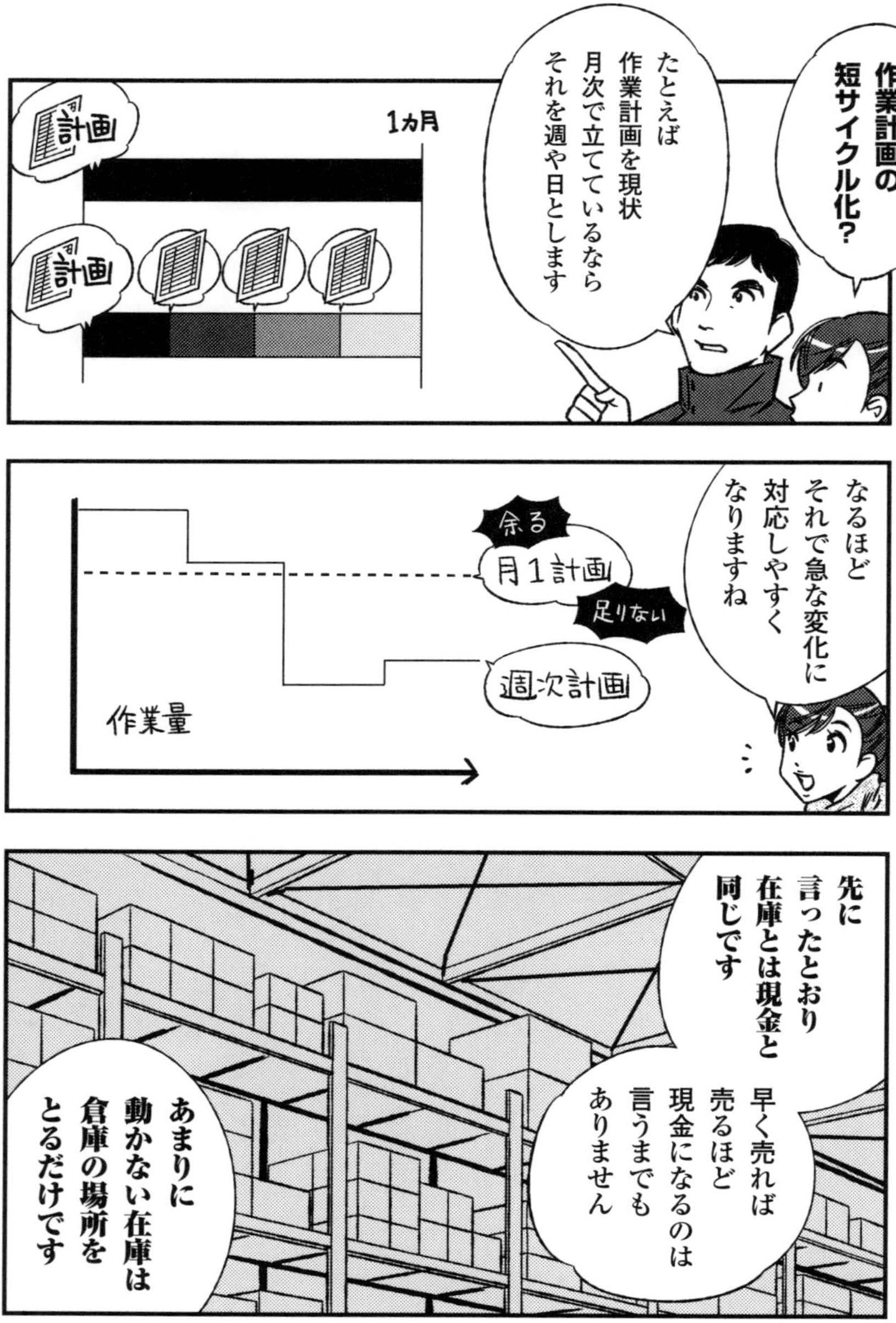
作業計画の短サイクル化？
たとえば作業計画を現状月次で立てているならそれを週や日とします
1ヵ月
計画
計画
なるほどそれで急な変化に対応しやすくなりますね
余る
月1計画
足りない
週次計画
作業量
先に言ったとおり在庫とは現金と同じです
早く売れば売るほど現金になるのは言うまでもありません
あまりに動かない在庫は倉庫の場所をとるだけです

外部倉庫なら保管料もかかり負債になります
在庫は回転がよいにこしたことはないのです
かと言って在庫がないのも困るでしょ？
そうです
ちょうどいい在庫数に保つためには商品ごとに「安全在庫数」の設定が必要です
安全在庫数？
仕入れにおける入荷時点において
過去の出荷数量から何日分の在庫を持っていればよいかを推定して算出する方法です
入荷
出荷
過去の出荷数量
安全在庫数
また 発注から商品が入荷されるまでのリードタイムを割り出し
逆算して発注日と発注数を決めると在庫を極力減らしていくことができます
発注
入荷
リードタイム
発注
逆算

$$\text{欠品率(\%)} = \frac{\text{当日欠品行数}}{\text{当日受注行数}} \times 100$$

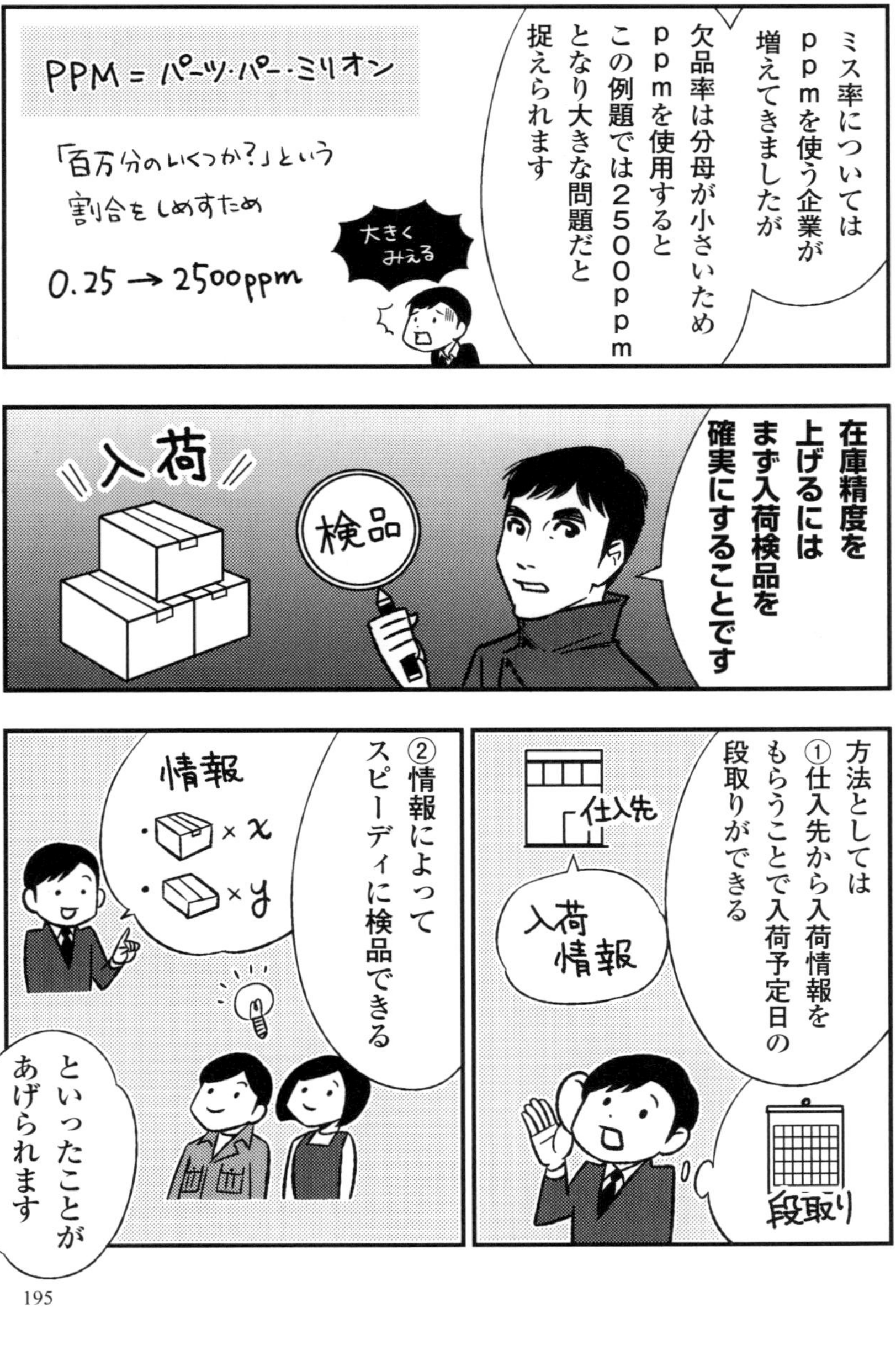
ミス率についてはppmを使う企業が増えてきましたが
欠品率は分母が小さいためppmを使用するとこの例題では2500ppmとなり大きな問題だと捉えられます
PPM = パーツ・パー・ミリオン
「百万分のいくつか?」という割合をしめすため
0.25 → 2500ppm
大きくみえる
在庫精度を上げるにはまず入荷検品を確実にすることです
入荷
検品
方法としては①仕入先から入荷情報をもらうことで入荷予定日の段取りができる
仕入先
入荷情報
段取り
②情報によってスピーディに検品できる
情報
× x
× y
といったことがあげられます

入荷予定表で類似商品を事前チェックし
JANコードがあれば活用します
JANコード＝どの事業者のどの商品かをしめす世界共通の識別番号
確実に
入荷時にオリジナルバーコードを貼りつける際には対応する商品に確実に貼りつけましょう
外装検品ですますのか内装や個装まで検品するのかどうかで在庫精度は変わってきます
or
入荷商品は正しい棚に格納します
棚番と商品コードをしっかりとひも付けし
できるだけ同類商品は隣同士に保管しないなど出荷時のミスを予防する対応も必要ですね

全品を検品できない現場も多くありますが
抜き打ち
その場合欠品率の高い商品を納入してくる仕入先をリストアップし抜打ち検品します
仕入先
仕入先によっては誤納品が常態化しているケースも多くみられます
物流現場の混乱の多くは営業とコミュニケーションがとれていないせいです
ああ　まさにそれが起きてます…
経験・勘・度胸のいわゆる「KKD」に頼った結果
「売れるかもしれない」という営業の願望が在庫を増やします
改善するには積極的にコミュニケーションをとることや
現場で起きていることをきちんと数字でこまめに把握し共有することが大切です

そして
荷主さんにもよりますが
物流現場がつねにMAXで
稼働できるわけではありません
最大値にあわせて
常に従業員を
抱えておける余裕は
ないでしょう
そこで物流業務の
委託ということに
なるわけですが
最近は
業種特化型3PLも
発達してきました
各業種に特化した
物流業務の
まるごと委託です

各業種の各段階でよりロスを少なくしようとした結果すべてを一本化して請負う流れがでてきたということです
このように物流は日々進化しています
それは何のためかといえば　やはり「利益を出すため」です
利益の源泉は物流にあり！コストを上げるのも下げるのも物流です
このことをぜひ心にとどめておいてください

…わかりました この不動在庫 思いきって処分 しちゃいましょう
他に気になる ことは ありますか？
あのう 棚に入らないときの 保管ルールなんです けれど…
現場の人たちを 巻き込んで意見 を聞くことで より在庫精度が 上がってきた ように思う
意見交換も 活発になったし 社内全体に 活気がでてきた 感じ
株式会社 マツユウ
オリジナル通販の 評判も上々で 取材までくる ようになった
Magazine

つぐみさ～ん
はーい 今行きます
この一着なら間違いない！
株式会社
マツユウの新機軸
婦人服通販
すべての女性が輝ける服を

# 第4章 これからの物流

## 4-1 委託先との連携──委託先メンバーも物流現場の仲間

### ◇荷主と物流会社はパートナー

多くの物流センターで発生するコストの約7割は人件費が占めます。物量が常に一定であればいいのですが、物流には波があって、荷物が多いときもあれば少ないときもあります。そこで、多くの社員を雇用するわけにはいきません。荷物の量に合わせて人を増やしたり減らしたりできなければ、現場の人件費は固定費化して物流費が上がってしまい、利益につながらないのです。

委託する荷主の要望は「できるだけよい品質で、できるだけ安く」です。また、毎年コストダウンを要求してくるのが荷主です。利益を確保するためには、費用はかけられません。

このような状況の中、物流の現場作業すべてを外部に委託している企業も数多くあります。委託された企業は、下請けの弱い立場にある存在ではありません。荷主にとって都合のよいことばかりを言っていては、物流現場の改善は進みません。荷主と物流会社がパートナーとして緊密に連携していくことで、よりよい物流現場が構築され、現場改善が進みます。

## ◇3PLは物流のプロフェッショナル

現在は、物流の委託先は3PL（サードパーティロジスティクス）と呼ばれています。ひと昔前は、物流アウトソーシング先と言っていましたが、委託先の役割が増えていくとともに、呼び方が変わってきました。

3PLの役割は、荷主の物流を一括受託してその物流が最適化されるように、現場運営のプランニング、コンサルティングを行い、物流のプロフェッショナルとして、物流統括室の役割を担うことです。荷主の指示をただこなしているだけの委託先は3PLとは言いません。常に荷主の立場に立って改善提案を出せる企業だけが本物の3PL企業だと言えます。

## ◇委託する前に現状を知る

自社の物流を3PLに委託する場合には、まず物流現場の「現状」と「課題」を整理して物流コストの現状を明らかにしておかなければなりません。現状がわからないままでは、物流業務をただ丸投げするだけになってしまい、こうした状態で問題解決を依頼しても、決してよい結果が得られるものではありません。

そこで、自社の物流の現状を把握したうえで、物流コストの削減目標、サービスレベル達成目標、目標達成までの期間などを設定します。こうした自社の物流の現状や情報を開示してはじめて、目標達成に向けた協力体制ができ、現状と目標のギャップを埋めていく活動ができるのです。

とくに、物流コストの正確な把握は、物流課題発見の手掛かりとなる貴重な情報です。管理会計を導入して、物流費用を明確にします。

このように、荷主企業の現状がしっかりと把握でき、課題やコストが明確になってはじめて改善に取り組む土台が整ったことになり、3PL企業が改善を進められるようになります。

◆委託するデメリット

日本の3PL市場は2005年度に1兆1400億円、2013年度には1兆800億円を超えるというように順調に伸びています（矢野経済研究所調べ）。

しかし、荷主にとって、3PLに委託するデメリットもあります。自社の物流すべてを任せてしまうと、業務内容を理解する社員が少なくなり、物流業務自体がブラックボックス化してしまうのです。こうなると、きめ細かな物流サービスができなくなるだけでなく、自社のサービス水準の低下につながる可能性もあります。物流のどこまでの範囲を委託するかは、企業としての重要な戦略となるのです。

## 4-2 運送会社との連携——若手のドライバー不足が深刻

◆ドライバー不足の実態

トラックドライバーは、2006年の92万人をピークに減少を続け、現在は80万人を割っています。少子高齢化の波もあり、大型トラック運転手の35％は50歳以上が占め、30歳未満はわずか4％程度です。若手ドライバーの不足により、今後ますます高齢化が加速します。

また、トラック台数も減少しています。1997年に870万台だったトラック台数は2012年には607万台、250万台以上も減少しています。さらに輸送トン数も、1997年の59億トンから、2012年は43億トンに下がっています。

しかし、現在ドライバーという職業は、「労働環境が過酷」「長時間労働」「低い賃金水準」というイメージもあり、若者から人気がありません。「きつい・危険・帰れない」の新3K産業などとも呼ばれています。

では、なぜこれほどにトラックドライバーは不足しているのでしょうか？　インターネット通販の利用者数が急激に増加して、荷物の需要は爆発的に増加しました。それに対してドライバー数が不足しているのです。

かつて、なり手が多かった時代には、大型トラックのドライバーは月給50万円以上を稼げるのは当たり前で、年収1千万円以上のドライバーも多数いました。そこで当時の若者にとって、激務ながらも手早く高給を得られる職業として人気がありました。1975年頃、デコトラが流行った時代には、若者にとっての長距離トラック運転手は憧れの職業のひとつだったのです。

現在、ドライバーの平均労働時間・所得は、2592時間・385万円（平成25年厚生労働省統計）となっています。さらに、平成19年6月2日施行の「中型運転免許」では、高校卒業後2年を経ないと4トントラックは運転できなくなり、高卒のドライバーを採用しにくくなりました。このようにして、ドライバー数は減少し続けています。

しかし、その後全国高等学校長協会が警視庁と文科省に陳情し、改善を訴えた結果、平成29年3月12日から「準中型免許」区分を新設し、すぐに4トン車に乗れるように法改正がなされました。また、このままでは若手のドライバーのなり手が確実に不足してしまうため、国土交通省では、２０１４年をトラックドライバーの「人材確保・育成元年」と位置づけ、トラック産業の活性化に向けて官民連携による取組みを強化しようとしています。

## ◇物流サービスの限界

こうしたドライバー不足の状況下で、各社はどのように運送会社と協力していけばよいのか模索しています。物流センターでは、お客さまから注文された商品を、ピッキング、検品、梱包して荷札を付け、方面別に仕分けをして、運送会社のドライバーに引き渡します。

商品は小さなものから大きなものまで、また重量物、長尺物や冷蔵・冷凍などの温度帯管理が必要なものなどさまざまです。これらすべてを確実に届けるのは、並大抵のことではありません。

ドライバーは、これまでの歴史の中で運転だけでなく、積込みや荷降しも当たり前のようにしています。本来は付帯作業で有償のはずだったのが無償になっています。この改善を進める必要があります。また、工場や物流センターでは荷待ちで長時間待たされることが多々あります。これも本来は拘束しているわけですから金銭の支払いは当然です。

宅配便に関しては、長時間労働の元区である再配達問題と当日配送の抜本的改善というように、ビジネスモデルの再構築が必要です。

そして最後に、適切な運賃設定が求められます。２０１７年10月1日から、運送大手のヤマト運輸が27年振りの大幅値上げを行い、未払い残業代を支払うなど、適正な運賃の支払いに向けて業界が大きく変わろうとしています。今後は、法令に抵触する行為を運送事業者に強要するような荷主は相手にされなくなるでしょう。荷主の言いなりになって、運賃は安く、時間指定で届けるなどは、もう限界にきているのです。

物流品質＋配送品質が一体となって、物流サービスとなります。出荷したから終わりではなく、届けた先のお客さまの満足度まで考えることがよりレベルの高い物流品質につながります。だから運送会社はパートナーなのです。

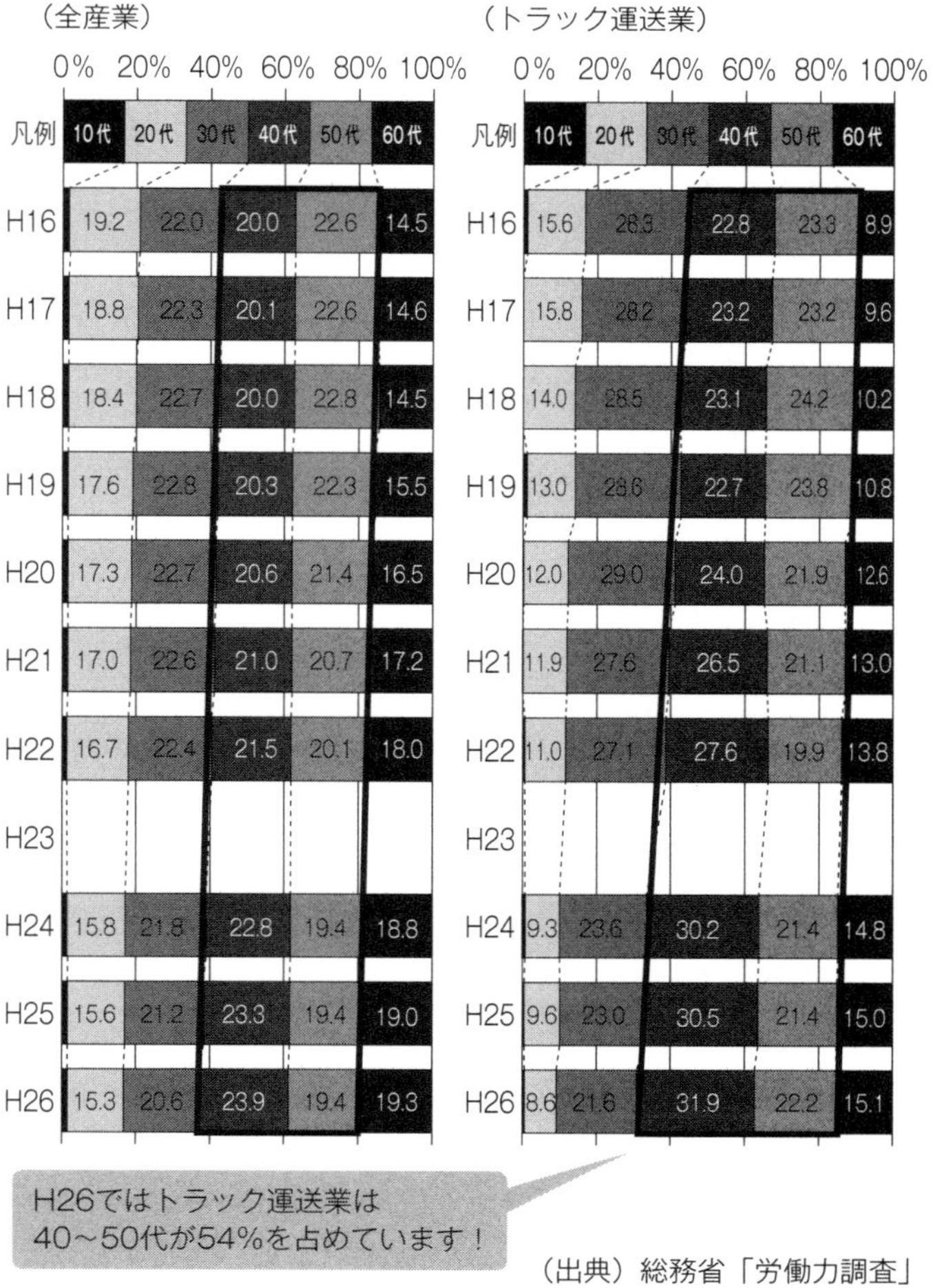


（出典）総務省「労働力調査」

**図4・1** ● 年齢階層別の就業者構成比

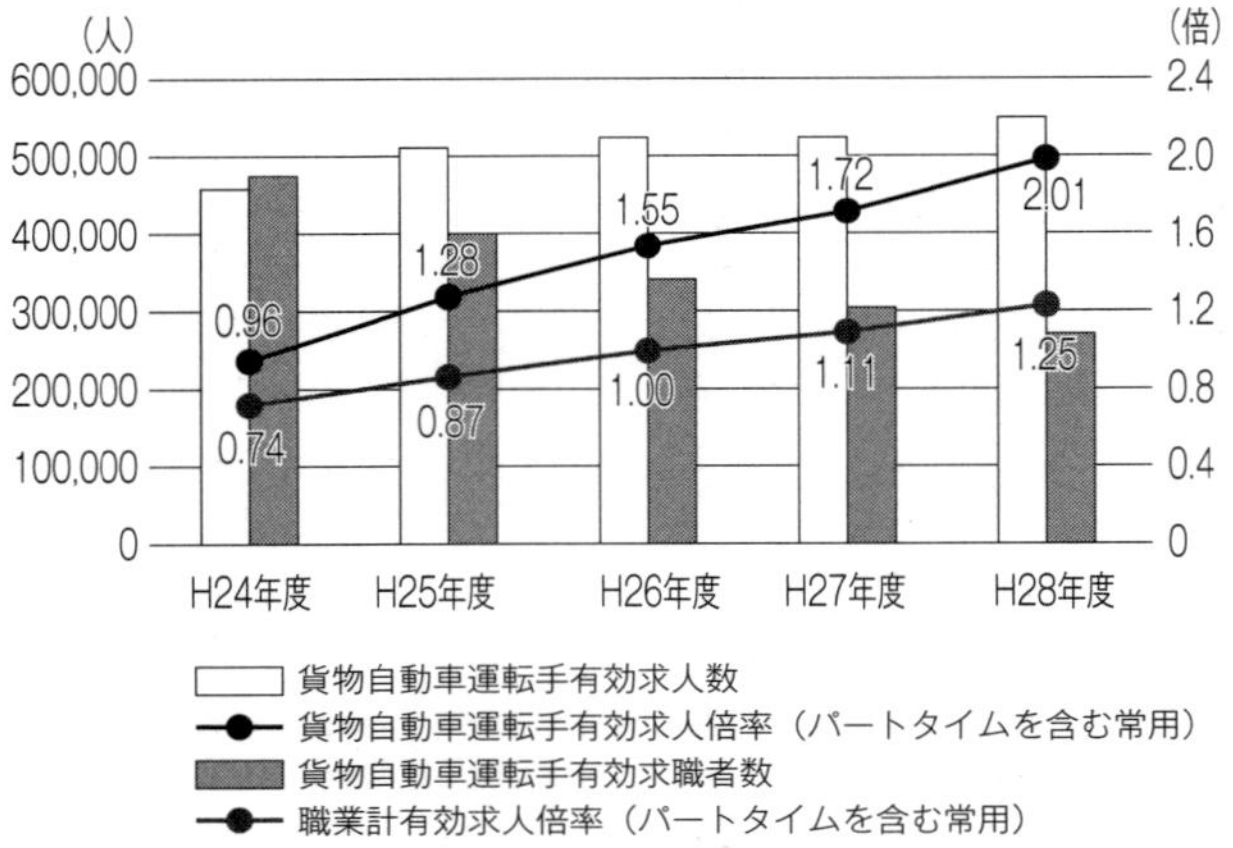


（図１） 資料出所：厚生労働省「職業安定業務統計」
（注１）上記の数値は原数値である。
（注２）上記の数値は、平成23年改定「厚生労働省編職業分類」に基づく以下の職業分類区分の合計である。
（注３）貨物自動車運転手：「663 貨物自動車運転手」。
（注４）常用とは、雇用契約において、雇用期間の定めがない、または４ヶ月以上の雇用期間が定められているものをいう。
（注５）パートタイムとは、１週間の所定労働時間が同一の事業所に雇用されている通常の労働者の１週間の所定労働時間に比し短いものをいう。
（注６）上記の数値は、新規学卒者及び新規学卒者求人を除いたものである。

**図４・２ ● トラックドライバーの有効求人倍率等の推移**
http://www.win-portal.jp/release_１７０６０１/ より引用

## 4-3 需要予測よりサイクルタイムの短縮（予測は外れる）

物流センターでは、前年実績などをもとにして入荷数量を予測しています。しかしこれは予測でしかありません。基本的には、前日の入荷予定リストなどをもとに、日々の物量をさばくのに追われているというのが実態です。想定よりも荷物が多ければ、残業して出荷をしているのです。

このように、ある程度の需要予測はできても、その精度はけっして高くありません。たとえば飲料物流であれば、夏場は通常の5倍程度の数量が入荷してくるとか、通販物流であれば、セールのときやクリスマス前に大量の入出荷があるなどがわかる程度です。需要予測の精度を上げるよりも、物流現場の作業計画を短サイクル化するほうが、確実に効果は上がるでしょう。

### ◇まず短サイクル化（サイクルタイム短縮）

作業計画を月次で立てているならば、サイクルを週・日と短くします。前のサイクルで計画した在庫数と実際の在庫数には増減があります。その増減を反映させて作業計画を立案して、パート・アルバイト社員、派遣社員の人数を調整するのです。繁忙期があれば、

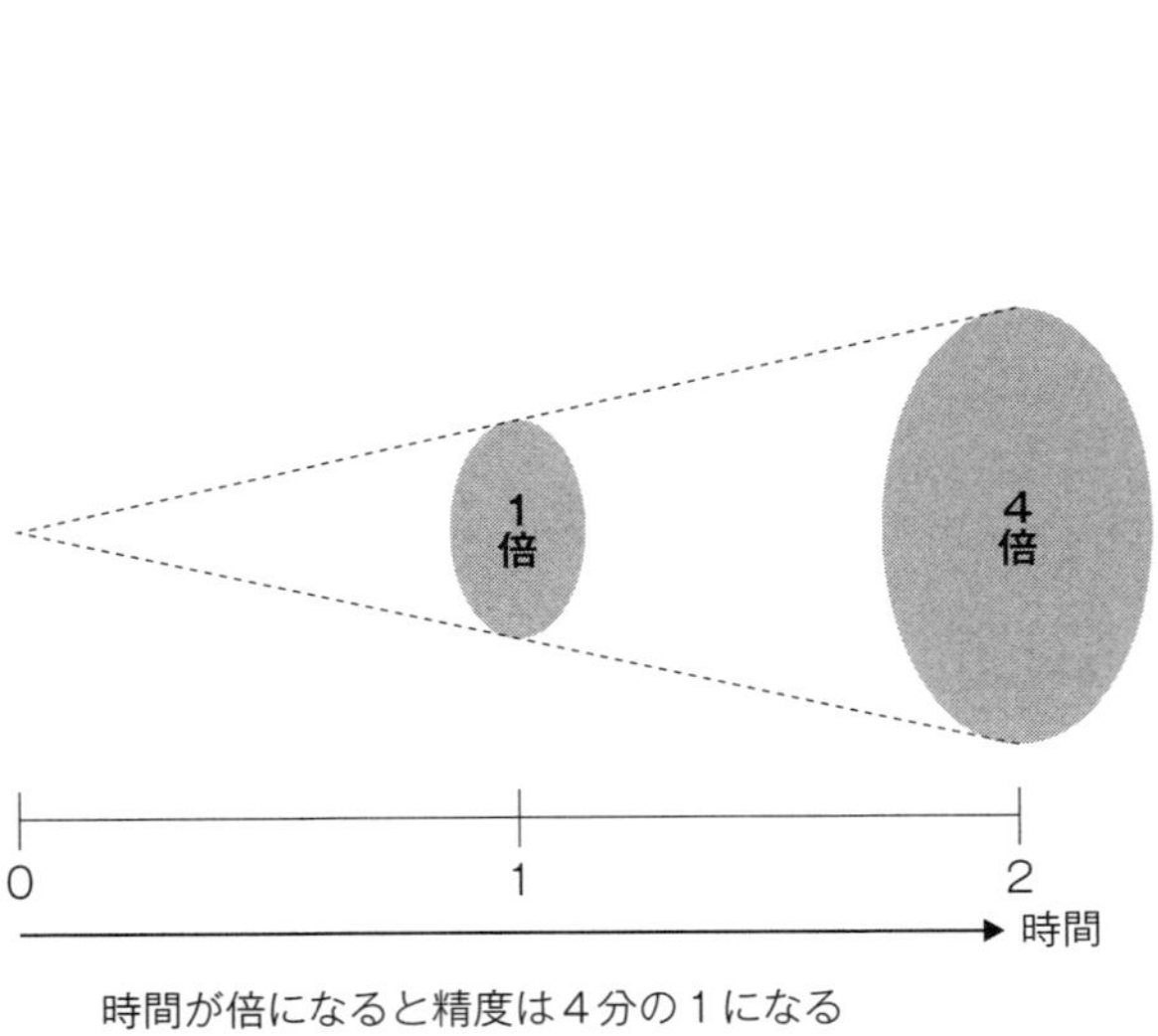


**図4・3●** 時間と精度の関係

それも考慮してください。需要予測の精度を上げるのではなくて、予測が外れたことをできるだけ速く次の作業計画に反映しながら作業人数を微調整していきます。

また、作業計画の立案サイクルタイムを短くすることも有効です。たとえば、月のはじめに翌月の作業計画を立てていたのであれば、週のはじめに翌週の作業計画を立てるようにすることで、物量の変動に対応できるスピードが上がります。

前日の物量が翌日の作業計画に的確に反映できれば、需要予測の精度が問題となることは極めて少ないでしょう。まず作業計画の短サイクル化（サイクルタイム短縮）に取り組んで、それから需要予測の精度向上に着手すると効果的です。

### ◇「ズレを少なくする」ことに着目

正確に読み切れない物量に対して、物流センターでできるのは、商品を1分1秒でも早く出荷できるようにする対策です。現場作業の標準化や物流改善によって、入荷から出荷までのサイクルタイムを早めて効率化を図ります。つまり「需要予測に頼る」のではなく「ズレを少なくする」のが物流センターの役割です。年間の需給データを参考にして、事前に入荷情報やセールの情報をもらったりするなど、「大きく外れない」ために荷主と連携することが物流センターの現場リーダーに求められます。

## 4-4 宅配危機（再配達問題への対策）

### ◇配達ドライバーの大きな負担

インターネット通販の爆発的な広がりと運送・物流現場の人手不足により、近年は指定された時間に荷物をお届けするということが難しくなってきています。ひと昔前であればお隣に預けるなどもできましたが、もはやそれが不可能な時代になっています。

現在は、宅配便の再配達個数が約20％（回数ベース35％）に達して社会問題化しており、配達ドライバーに大きな負担がかかっています。そこで宅配最大手のヤマト運輸は、配送料の値上げやお昼の時間帯の時間指定サービスを見直ししています。こうした再配達問題の解決には、受け取る側の意識改革が求められます。コンビニでの受取りや駅や商業施設の宅配ＢＯＸで受け取るなど、１回で受け取れるような仕組みを考えていかなくてはなりません。

## ◈再配達対策は官民共同で

こうした中、「宅配研究会」は、年間１億３７００万個を出荷する企業で構成され「宅配事業者と協力して安定供給・安定価格を実現しよう」というミッションを持って活動しています。複数あるプロジェクトの中でもっとも即効性があり、もっとも効果的だと判断したのが、再配達問題の解決でした。荷物を届ける際に、在宅がわかっている荷物だけを積み込んでお届けできれば不在配達はなくなり、届け先は１・５倍にできると考えたからです。

このように再配達の削減に向けて、２０１７年４月から駅や商業施設への宅配ロッカー設置に国が補助金を出す制度がスタートし、ヤマト運輸では平成34年までに全国に宅配ロッカーを５０００ヵ所に設置する計画を前倒して実施するなど、官民共同で再配達問題への対策が進みはじめています。

## ◆ますます加速化する宅配便

そして、その解決策として、宅配研究会発で再配達ゼロアプリ「ウケトル」が誕生しました。1日150個を配達するドライバーの再配達は30個にものぼります。これは本来、宅配センターから持ち出す必要がない荷物です。さらに、ウケトル調査では、12月の繁忙期には不在率が30％、再配達が45個にアップしていました。1回目に不在、2回目、3回目も不在という世帯があるのが現実です。

再配達に要するコストは2600億円。9万人が再配達でムダ足を余儀なくされ、山手線内2・5個分の杉林が吸収する$CO_2$を再配達に使っています。これに要するコストは社会が負担しており、最終的には消費者が支払っています。実際に働くドライバーがいるのですから、「送料無料」は無料ではありません。宅配便は1992年の12億個から1999年の24億個へ、7年で2倍となりました。そして2014年までの5年で、さらに12億個が追加されるなど、個数の増加はますます加速化しています。

## ◆業界をあげて、国をあげて

TBS「ひるおび！」、フジテレビ「とくダネ」、日本テレビ「スッキリ」、テレビ朝日「ワイド！ スクランブル」、毎日放送「ちちんぷいぷい」、J-WAVE「JAM THE WORLD」、NACK5「木村達也 ビジネスの森」などに出演した際に、私が訴えたのは「業界あげての再配達を削減する取組み」です。業界をあげて、宅配ドライバーの負担を減らす活動をしなければなりません。さらに、国民のインフラともいうべき宅配は、国家をあげて問題解決をしなければなりません。そこで、業界、国をあげての、宅配業界統一ポイント制度（※）を提案しています。

さらに、ヤマト運輸では「ロボネコヤマト」による自動配送やロボットベンチャーのZMP社の宅配ロボット「CarriRo Delivery（キャリロデリバリー）」などドライバーの代わりに自動でお届けしてくれるロボット技術の実証実験や開発も進み始めています。

※Tポイント、PONTA、楽天ポイント、エコポイントなど、一般に使えるポイントに、業界各社が同じレートで支給できる宅配業界統一のポイント制度のこと。不在配達を防止するために「今日は不在ですよ」という連絡を入れるとポイントがもらえ、実際に返事をせずに不在配達になったらポイントが引かれるという仕組み。

トラックドライバーの有効求人倍率

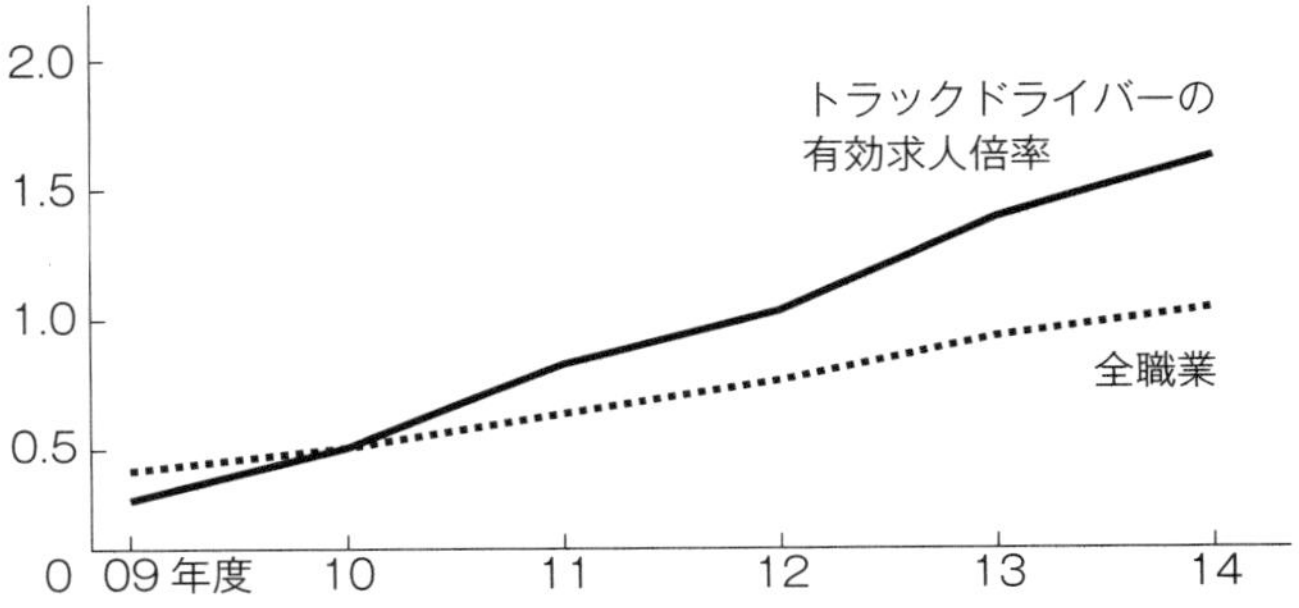


※国土交通省の資料から作成

2015 年

トラックドライバー不足で荷物が運べない

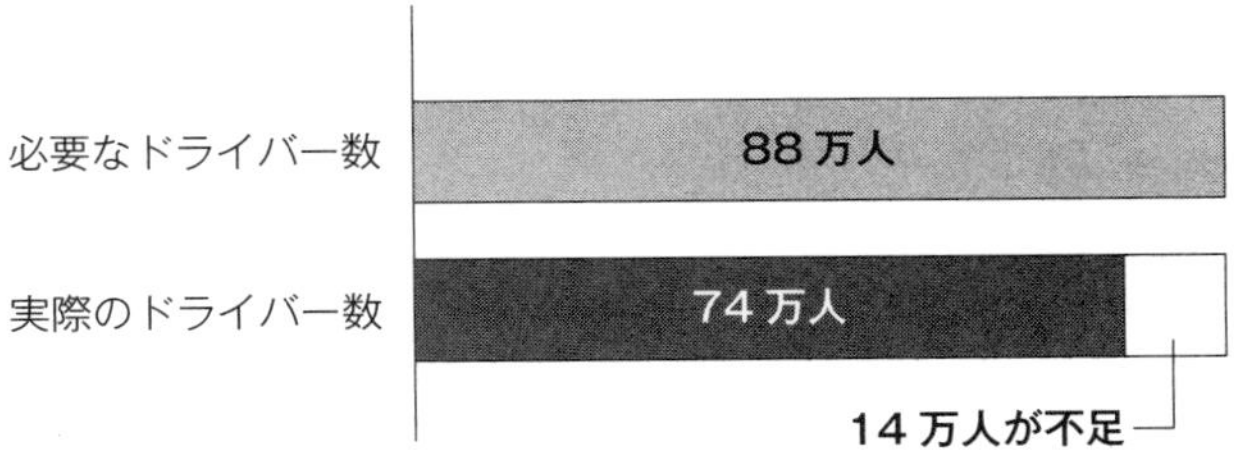


※国土交通省、（公社）全日本トラック協会による想定

**図4・4** ● トラックドライバー不足の実情

# 4-5 業種特化型の3PL

## ◇物流コスト削減のために

物流センターは常に物量が100％ではないので、常に最大出荷時に合わせた人員を抱えるほど、潤沢に物流費をかけることはできません。そうした中で、物流コストの削減という目的で、荷主企業は物流の子会社をつくったり物流業務を3PLにアウトソーシングするようになりました。

一方、物流業務を請け負った3PLは、コストを削減するためにパート社員やアルバイト社員を活用したり、マテハンなど物流機器を活用することで物流の効率化によりコストダウンを図ってきました。

（※1PL：荷主企業、2PL：運輸事業者、3PL：物流の包括的管理企業）

## ◇より高度な物流を提供するために

企業は、経済が減速して売上げが急増できない中で、その分を物流費のさらなる削減で補おうとしています。荷主企業も物流を研究することで、乾いた雑巾を絞るように、3P

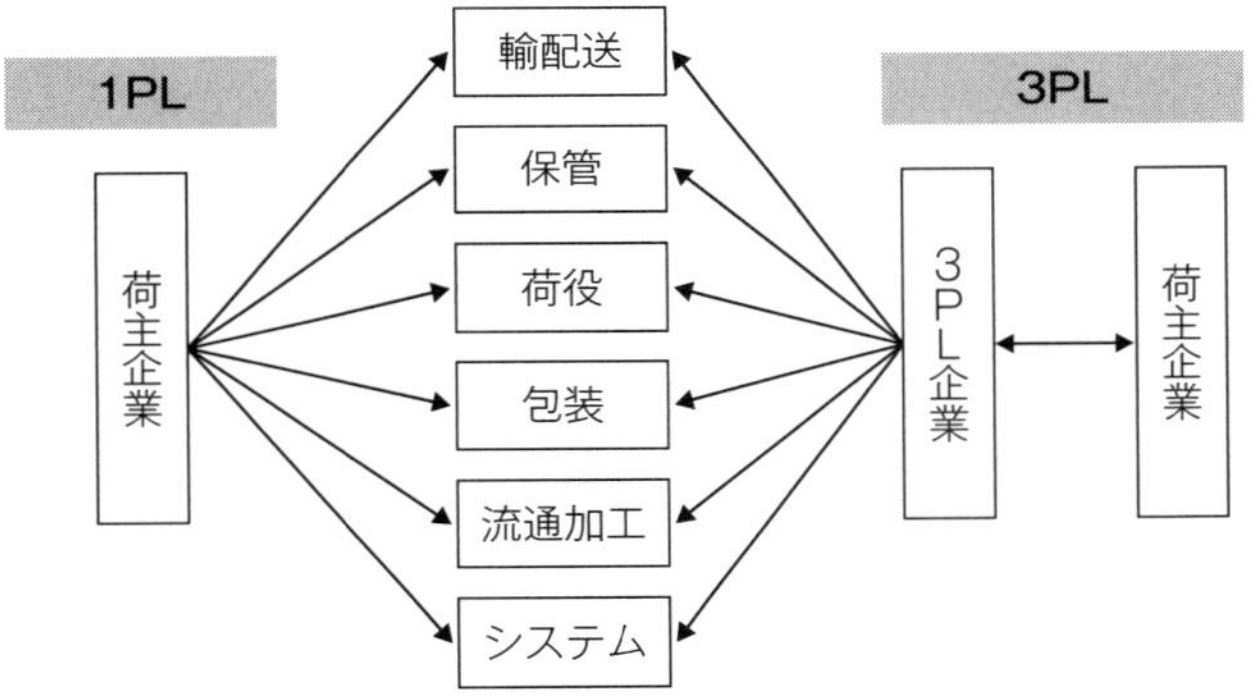


**図4・5** ● 物流業務のアウトソーシング化

Lに対する要求が大きくなってきました。「物流のスピードアップ」「物流品質の向上」「物流コストダウン」の3つの要素を求めて、3PLにどんどん提案するようにと厳しく迫ってきているのです。

そこで、3PLも、より高度な物流を提供するために、業種特化型の3PLに進化を遂げています。日用雑貨、文具、加工食品、飲料、アパレル、通販、3温度帯管理（冷凍・冷蔵）の物流などのように機能をより高めています。

これに伴って、物流センターにもさまざまな種類のものが出てきました。

・ディストリビューションセンター（DC）：通販や製造業などの在庫型センター

・トランスファーセンター（ＴＣ）：コンビニエンスストアや小売業向けの通過型センター
・プロセスセンター（ＰＣ）：食品などの加工をするセンター
・ストックポイント（ＳＰ）：製造業などで使われる小規模のセンター
・デリバリーポイント（ＤＰ）：百貨店などで使われる小規模のセンター

このように、業種業態に合わせた物流センターの運営が行われています。なお、ＤＣ施設においても、ＴＣ機能との一体型の運営をして、クロスドッキングによる即出荷対応を行う物流センターもあります。

３ＰＬも機能強化のための投資をするなど、物流の受託競争に向けてしのぎを削っています。

エピローグ

# 進化した物流の未来

STORY

## 物流は日々進化している

はっ
今すれ違った
人の服……
お客さま…!!
…このように
物流は日々
進化しています

えっ？オホホホそうですね
…聞いていましたか？
聞いてましたよ！
まずドローン配送ドローンを遠隔操作して空からお届けする計画ですね
地方や離島高層マンションなどでの活用が期待できます

そして
トラックの
自動運転
ドライバー不足に対応して開発が進められています
さらに
物流ロボット
物流現場で自動的に棚入れやピッキングなどをしてくれます
まだ価格が高いからうちではムリだけど…
同じ作業を繰り返すならロボットに任せたほうがいいですもんね
そうですね

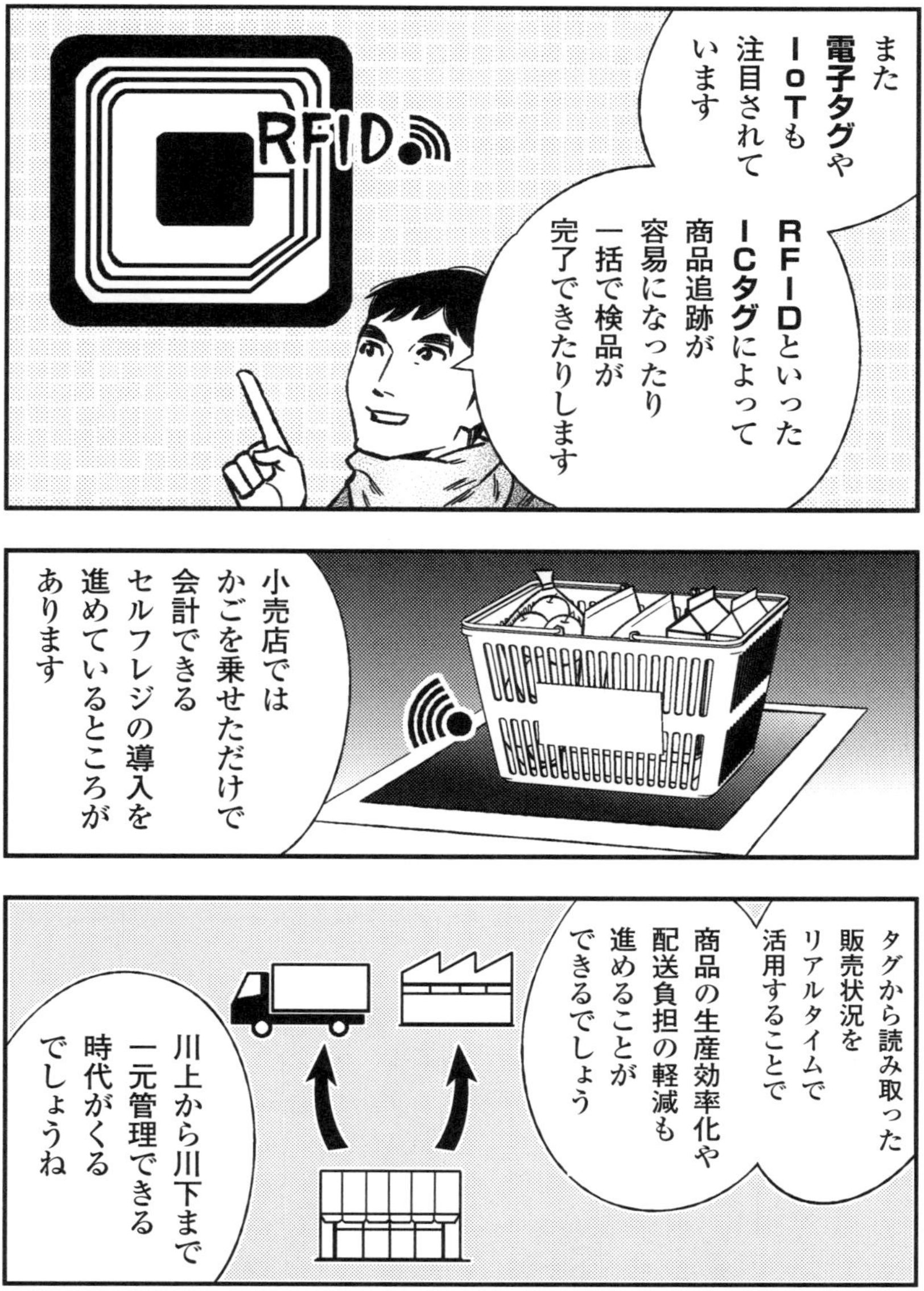
また電子タグやIoTも注目されています
RFID
RFIDといったICタグによって商品追跡が容易になったり一括で検品が完了できたりします
小売店ではかごを乗せただけで会計できるセルフレジの導入を進めているところがあります
タグから読み取った販売状況をリアルタイムで活用することで商品の生産効率化や配送負担の軽減も進めることができるでしょう
川上から川下まで一元管理できる時代がくるでしょうね

小売店ではたとえば「在庫をもたないショールーム型店舗」なども出てきています
どういうことですか？
服のネット通販の店舗なのですが店内には見本だけがあるのです
試着などもできるのですが店は売るための在庫を持ちません
商品をみてほしくなったらネットで注文する…
あるいは店舗内のタブレットでネット注文することもできます
店舗ではスタイリストとコーヒーを飲みながらコーディネートを考えることもできるそうです
へえ！それは従来のショップでは考えられないわね
商品がよごれちゃうし

物流かぁ…ほんとに影の立役者ですよね
それがなければ生活が成り立たないものだし…
そのとおりです
そしてこれからはますます物を売るために欠かせない視点なのです
「早く・間違いなく」を実現するために
繰り返し行われる単純作業をいかに機械化・効率化するかがカギですね
機械化
効率化
は～…
いろいろお話聞けて助かりました
物流の奥深さをわかってもらえて本当によかった

…気になってたんですけどいつもそうして物流のことを説いてまわってるんですか？
本職コンサルなのに
ええ啓発が趣味ということもあるのですが
今回は取材対象としてあなたがちょうどいいように思われまして
取材対象？
物流の初心者向けにマンガで説明する本を頼まれましてね
あなたを主人公の参考にします
はあ!?

気ばかり強くて自分勝手なデザイナーが物流を知りそして改心していく…！
素晴らしい筋書きだと思いませんか!?
う〜ん頼まれたときはどうしようかと思いましたが
創作意欲がわいてきた!!
ちょ…ちょっと待ってください
そうと決まれば善は急げです！
ちょっと!!
待ってくださいってば〜〜!!
Fin

エピローグ

# 進化した物流の未来

## 未来の物流（もっと効率的になっていく）

### ◇人を基軸とした物流現場の変化

いつの時代も、物流における最大の資産は人財です。今後ますます、人が貴重な資産となっていきます。そこで、人を基軸としたＩＣＴ（情報通信技術）との融合による物流現場の効率化が求められます。

では、今後の少子高齢化の流れの中で、日本の物流現場はどのように変わっていくのでしょうか。まず、ＩＣＴや機械、ロボットの進化により、高齢者や女性でもラクに作業ができる未来になっているでしょう。今後、生産年齢人口が増えないという制約の中では高齢者の活用が喫緊の課題であり、高齢者の活躍なくして物流の現場を運営することが難しいからです。

高齢者は重い荷物を運んだりはできませんが、補助する機械があれば、作業はできます。すでに、重量物の持上げを助けるロボットアシストスーツなども物流の現場で活用され始めています。

また、新たな物流サービスのカギを握っているのはＩｏＴ（モノのインターネット）です。オンライン配車サービスのＵｂｅｒは、海外では物流にも進出しようとしています。日本では、自転車便を使ってレストランで調理されたフードの配送を行うＵｂｅｒ ＥＡＴＳを開始しました。さらに、ＰｉｃｋＧｏ（運営会社：ＣＢｃｌｏｕｄ）やハコベル（運営会社：ラクスル）などのサービスが始まっています。

## ◇ピギーバックの反省

ＪＲ貨物では、欧米のように鉄道にトラックを乗せて運ぶモーダルシフトの一環として、１９８６年にピギーバック輸送が試みられました。しかし、欧米ではトラクター（運転席のあるヘッド部分）から切り離したトレーラーを積載するので効率がよいのですが、日本では集配用４トントラックを専用貨車にそのまま積載するという形がとられました。積載効率が悪く費用対効果のメリットが得られないことから、利用率を伸ばすことができず、２０００年には廃止となりました。

その点、今後の技術革新によって自動運転トラックが高速道路を走れるようになれば、長距離輸送の問題が解決できます。自動運転による事故は懸念されますが、一般道と高速道路では技術的な難易度が大きく異なります。高速道路は自動運転、一般道はドライバーというようにすみ分けをするなどによって、ドライバー不足やコスト増の問題も軽減されるでしょう。

## ドローンと自動運転

### ◇ドローンの可能性

ドローンや自動運転技術、無人航空機（ＵＡＶ）といった次世代の技術により物流も大きく変化をしていくことが想像できます。ドローンを遠隔操縦して、空から荷物を届けるサービスが進化すれば、地方や離島などのトラック配送に関わる時間や手間をかけずに配送ができます。ドライバー不足問題の緩和に寄与できるかもしれません。

ドローンの商業利用に向けた法整備も進みつつあり、米国では、２０１５年7月にバージニア州で連邦航空局（ＦＡＡ）の航空許可を受けた全米初の商用ドローンによる医薬品配送の実証実験が行われています。もともとメディカルの世界では、人工心肺装置や薬などをドローンで届けて、カメラを通じて応急処置の指示をするといった遠隔操作による医療も進められています。

なお、日本でも2015年12月に国土交通省が改正航空法を施行しました。千葉市は、ドローンを使って高層マンションに医薬品などを運ぶ計画を提案しています。また、楽天はゴルフ場でドローンによるサービスを発表しました。ゴルフ場は私有地であるため、法的にクリアしやすかったのです。

## ◇自動運転に対する期待

自動運転を応用したトラック輸送の実現に向けて、各国で開発競争が激化しています。ドイツのダイムラーは2015年5月、ドライバーの操縦なしで自動運転する大型トレーラー「Freightliner Inspiration」を公開しました。同社では、交通事故問題解決に向けて自動運転技術「Highway Pilot」を開発中で、2025年の実用化をめざしています。日本では、2019年に第二東名で自動隊列走行を実証実験するという計画があり、これが実用化されれば、深刻化する大型トラックドライバー不足の解消が期待されます。

また、宅配の自動運転車では、エストニア発でStarshipという会社が、注目されています。メルセデス・ベンツと組み、自動運転のベンツのトラックから、小型のStarshipの車

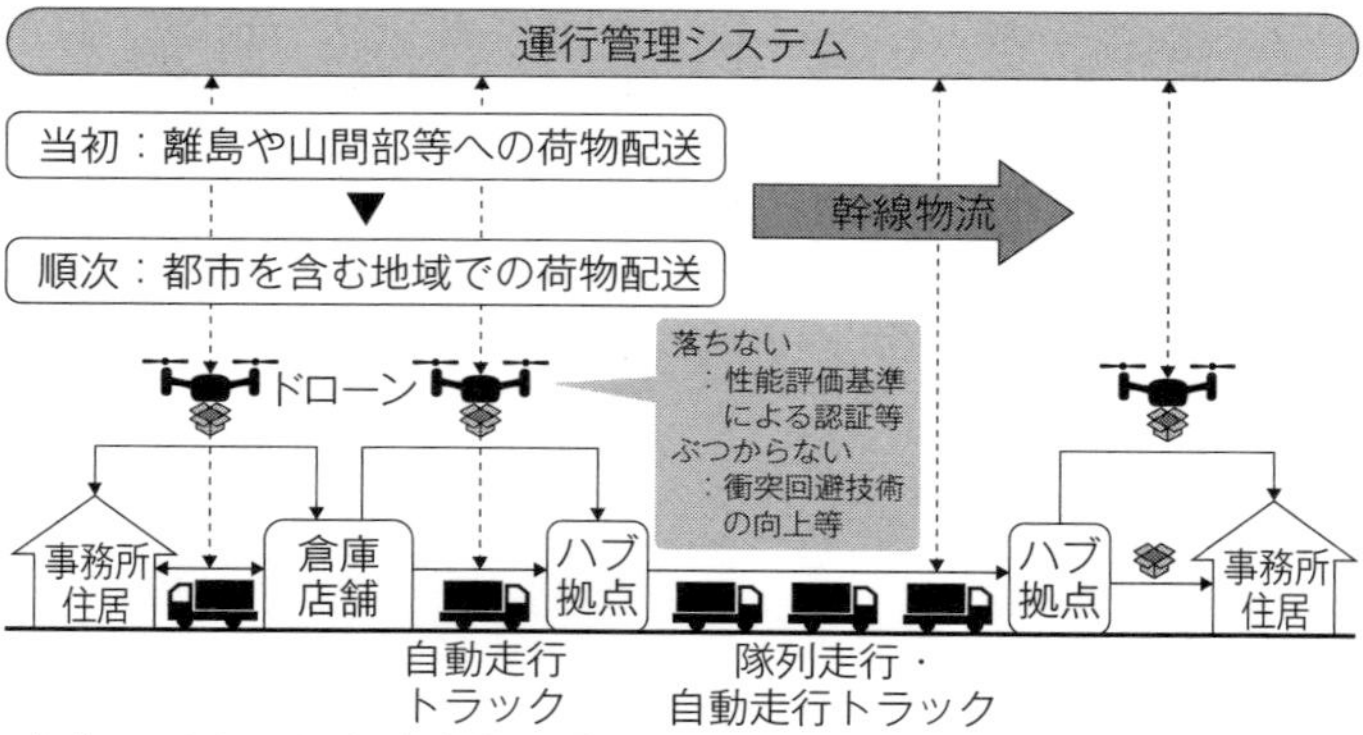

出典：H29.5.29経済産業省「新産業構造ビジョン」（案）より

**図5・1** ● ドローンの活用による物流の効率化

両が各家庭に届けるというコンセプトです。

日本では、ロボネコヤマトという自動運転車両が、実験エリア内での宅配を行っています。実際は、自動運転車両に搭載された宅配ボックスに、届けられた人が取りに行くというものです。

## 物流ロボットの拡大

### ◇効率化とサービス向上の両面から

物流分野では人手不足が深刻です。高齢化も進み、求人を出しても人が集まらないのが現状です。日本では、2020年には65歳以上人口が3割、2060年には40％に達するという統計があります。このように高齢化が進む日本では、ロボットを物流現場で積極的に導入していかなければ、現在の物流サービスレベルを維持することが不可能です。

では、物流ロボットはどのような場面で活躍するのでしょうか。物流現場では単純作業が多く、同じことを繰り返す作業にはロボットが向いています。しかし、なかなか進まないのは、まだロボットの導入費用が高く、大手企業以外は導入するのが難しいからです。

2016年、国内初のロボットによる在庫管理システム「Amazon Robotics」が、神奈川県川崎市の「アマゾン川崎FC」で導入されています。ここでロボットが作業補助するのは、単純作業である「商品の棚入れ」と注文を受けた際の「商品のピッキング」です。顧客から注文が入ると、その商品が収納されている棚をシステムが自動で判別し、もっとも効率的なルートを計算して棚出し場所までロボットが自動的に移動します。庫内作業員はディスプレイに表示された収納ロケーションと商品写真を見ながら、商品を取り出してバーコードを読み取り、折りたたみコンテナに入れて梱包エリアに流していきます。

アマゾンがこのロボットシステムを導入したのは、庫内作業の効率化ももちろんですが、「Prime Now」という有料会員に向けて、対象エリア内なら最短1時間で注文の商品をお届けするためです。今やネット通販では、当日配送、1時間単位の配送など、早く届くことが顧客獲得のカギとなっており、物流センターの出荷スピードを上げるためにこのような積極的な投資を行っているのです。

### ◆ロボット導入が徐々に拡大している

また、ロボットは低価格競争の時代に入り、爆発的に拡大する中国の通販業界でも導入され始めました。そのほか、家具販売のニトリの物流子会社であるホームロジスティクスでは、２０１６年に日本初の積み木型ロボット倉庫を川崎の物流センターで稼動させています。このシステムは、ノルウェーのJakob Hatteland Computer社が開発した「Auto Store」というロボット倉庫システムであり、すでに全世界で１００件以上が導入しています。日本では岡村製作所が販売・メンテナンスをしています。このロボット倉庫は、商品を格納したコンテナを積み上げ、最上部をロボットが自動走行し、倉庫管理システム

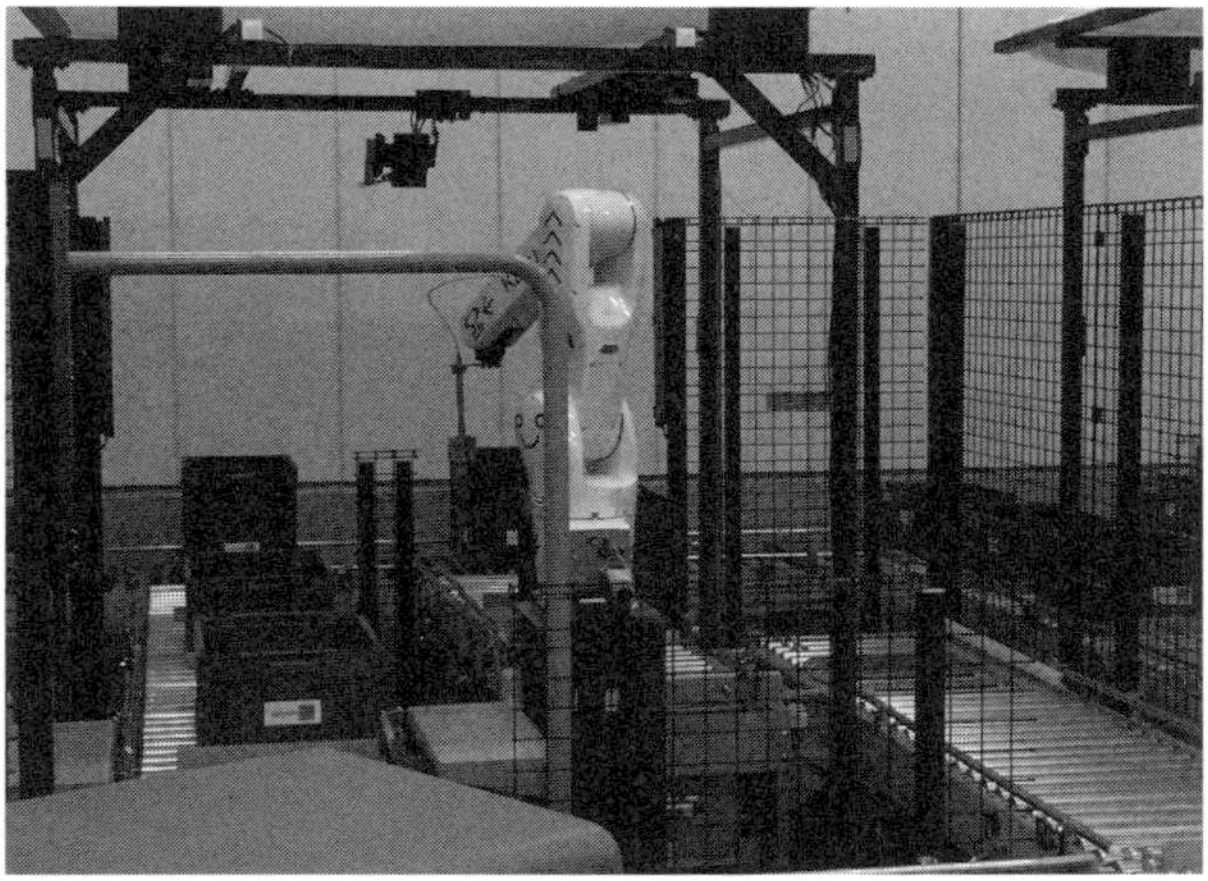

**写真５・１** ● アスクルで活用されるMUJIN

**写真５・２** ● Fetch Roboticsの搬送ロボット

（ＷＭＳ）からの指示に基づいて、上から商品を出し入れする仕組みです。庫内作業員のムダな移動が不要なだけでなく、通路スペースも要らないので生産効率を高めることができます。

「オートストア」では、約３万個のコンテナを12段に分けて積み上げ、物流センター保管の全アイテム１万３７００品目のうち、コンテナに入るサイズの約60％に当たる８１００品目のインテリア雑貨などの商品を格納しています。このシステムの導入により、従来と比較して倉庫面積が半分ですみ、現場作業者数が４分の１となり、人件費削減にもつながっています。そのほか、アスクルの「ASKUL Logi PARK首都圏」へのＭＵＪＩＮ社のピッキング用ロボットや日立物流のピッキングロボットなども導入が進んでいます。

## 物流ＩｏＴ（電子タグ）の可能性

### ◇飛躍的に効率化できる可能性

物流現場では、入荷の際の検品作業に多大な時間を割いています。ハンディターミナルで商品の箱についているバーコードを読み取って商品の数を確認し、入荷伝票と間違いがなければ納品伝票に判を押して納品完了という流れを日々繰り返しています。こうした単純作業は人間の目で行っているため、どうしても間違いが発生し、それによってまたムダな確認作業が発生してしまいます。

個々の商品にＲＦＩＤタグがついていれば、まとまった商品の塊ごとに検品できてしまうので、検品作業が大幅に軽減されます。現時点では、ＲＦＩＤタグは10〜15円ほどするのでなかなか導入できません。しかし、東レが通常よりも安価な製造技術を開発したので、それが応用されれば、１円以下のＲＦＩＤが普及する可能性はあります。物流や小売業界で求められているような、使い捨てできるＲＦＩＤタグが実現すると、いまとは比較にならないほどに物流の効率化が進むでしょう。

## ◇技術が人手不足解消のカギとなる

大手コンビニエンスストア５社は、経済産業省主導で消費者が自分で会計するセルフレジを２０２５年までに国内全店舗に導入する計画です。買い物カゴに入れた商品の情報を一括して読み取るＲＦＩＤタグを使い、販売データをメーカーや物流事業者と共有することで、深刻化する人手不足の解消を狙うとともに、流通・物流業界の生産性向上につなげる狙いがあります。

●RFID（Radio Frequency Identification）とは、無線を利用して**非接触で電子タグのデータを読み書きする自動認識技術**。

●バーコードと比較すると、①書き込み可能なデータ量が多いため、**商品１単位ごとにIDを振ることで個品管理を実現できる**、②**複数の電子タグを一括で読み取ることで業務を自動化・効率化できる**等の利点がある。

〈RFIDとバーコードとの機能比較〉

| RFID | バーコード |
|---|---|
| 離れたところから読み取りが可能 | 近距離まで近づいて読み取ることが必要 |
| 複数の電子タグの一括読み取りが可能 | １つひとつ読み込むことが必要 |
| 遮蔽物等で電子タグが見えなくても読み取りが可能 | バーコードが隠れたり汚れたりすると読み取れない |
| IDを書き込むことで商品を１単位ずつ識別することが可能 | 同じ商品を１単位ずつ識別することは困難 |
| 電子タグの種類によってはデータの書き換えが可能 | コードの書き換えは再度印刷が必要 |

出典：経済産業省資料「コンビニ電子タグ1000億枚宣言」
～サプライズチェーンに内在する社会課題の解決に向けて～

URL:http://www.meti.go.jp/press/2017/04/20170418005/20170418005.html
URL:http://www.meti.go.jp/press/2017/04/20170418005/20170418005-3.pdf

**図５・２** ● RFIDとバーコードの比較

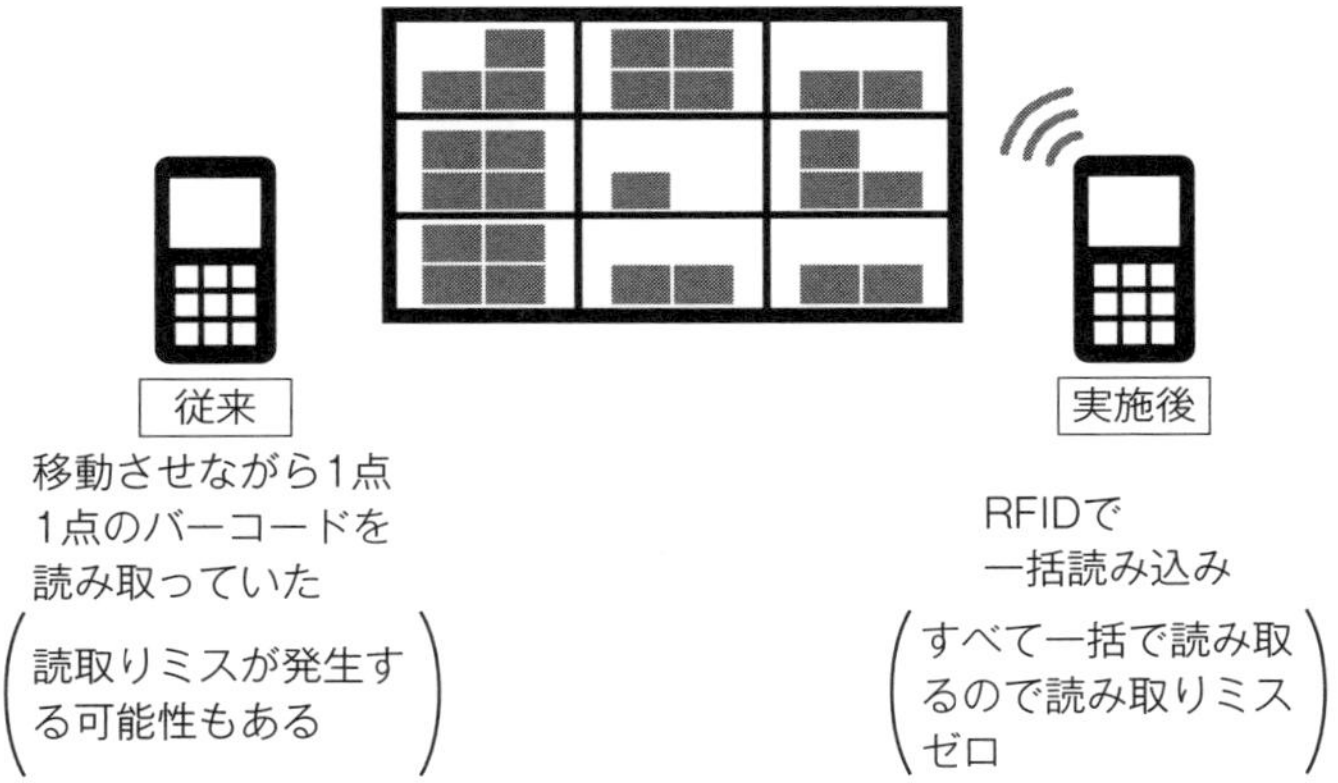


**図5・3** ● RFIDによる在庫棚卸のイメージ

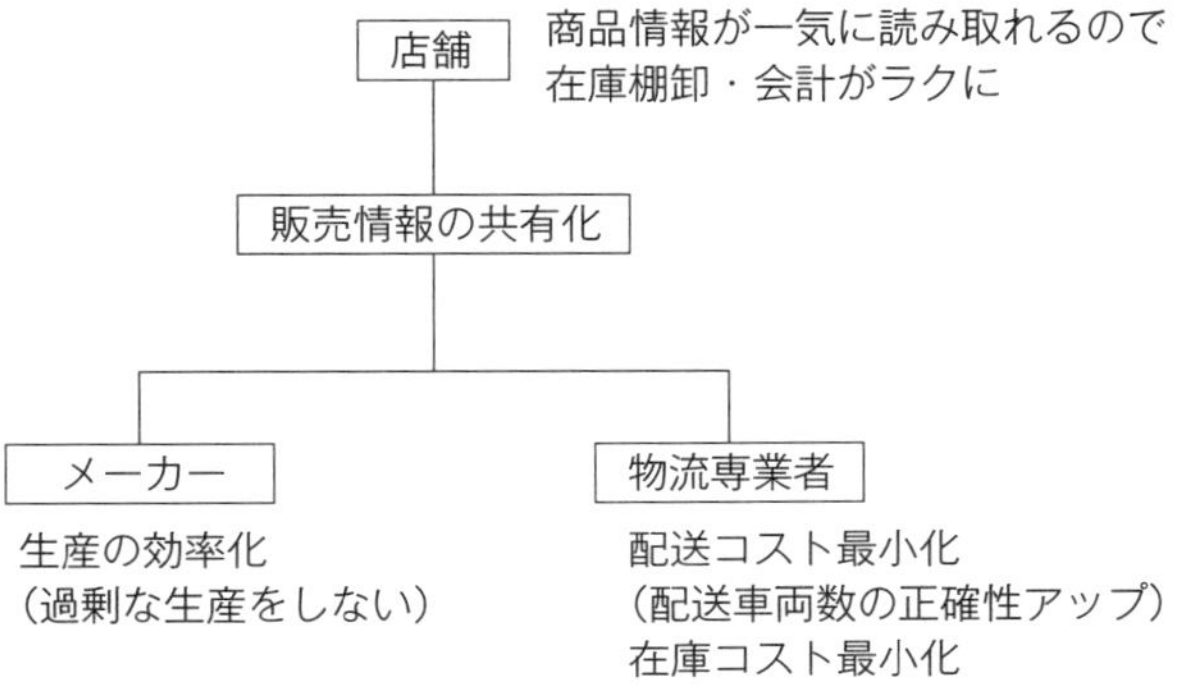


**図5・4** ● ICタグ導入の利点

海外では、無人コンビニ「ＡｍａｚｏｎＧｏ」の実験店舗が２０１７年からシアトルなどで検証されています。ここではカメラと画像センサーを活用し、画像データをＡＩで処理するなど、レジのないコンビニエンスストアが実現化しつつあります。中国でもＲＦＩＤを使った無人コンビニ「Ｂｉｎｇｏ Ｂｏｘ」、アリババのカメラを使った期間限定無人ショップ「Ｔａｏ Ｃａｆｅ」も出てきました。このように、これからの物流では、川上から川下まで、モノの流れが簡単に一元管理できるようになることが想定されます。

人手で繰返し行われる単純な作業を、いかに機械化、効率化できるかが今後の人手不足解消のカギを握ります。

[編者紹介]

## 角井　亮一（かくい・りょういち）

1968年大阪生まれ。上智大学経済学部を三年で単位を終了し、渡米。ゴールデンゲート大学からマーケティング専攻でMBAを取得。帰国後、船井総合研究所で小売業へのコンサルティングに従事する。その後、家業の光輝物流で物流コンサルティングを経験し、2000年に株式会社イー・ロジットを設立。イー・ロジットは、現在270社以上から通販物流を受託する国内No.1の通販専門物流代行会社であり、約200社の物流人材教育研修、物流コンサルティングを行う。

現在、タイでも物流IT会社を共同設立し、経営。

著書は『アマゾンと物流大戦争』（NHK出版）、『物流大激突 アマゾンに挑む宅配ネット通販』（SB新書）、『オムニチャネル戦略』（日本経済新聞出版社）、『図解基本からよくわかる物流のしくみ』（日本実業出版社）、『2時間でわかる 図解オムニチャネル入門』（あさ出版）ほか、日米中韓台で24冊。

[著者紹介]

## 宮野　雅則（みやの・まさのり）

大手物流会社で10年間勤務し、2000年に株式会社イー・ロジットへ入社。設立間もない同社で社内業務体制の整備、通販向け配車・倉庫管理システム、物流経理システムを構築。コンサルティング部部長を経て、現在はロジスティクスコンサルタントとして物流サービス及び品質の向上、コスト改善、作業効率化のための業務改善指導を中心に企業活動をサポートしている。専門はコスト改善、在庫改善、作業効率化を中心とした物流全般。

## 清水　一成（しみず・かずなり）

1973年岩手県生まれ。（株）ケーヨーで在庫管理、販売管理、人材管理などの実務経験を積み、医療業界に転進。（財）筑波メディカルセンターの購買部門にて電子カルテ導入、医療材料・医療機器購入のコストダウンなど院内物流業務改革を実践し、アスクル（株）へ。医薬品・医療機器通販事業の立上げに参画する。株式会社イー・ロジット入社後、流通・物流合わせて20年以上の経験をもとに、これまでに500社、5000人以上の社員研修を行う。現場主義をモットーに、物流人材育成・指導、物流現場改善コンサルティングで活躍中。

編集協力／MICHE Company. LLC
カバーイラスト・作画／円茂竹縄

# マンガでやさしくわかる物流

2017年12月30日　初版第1刷発行
2021年5月20日　第2刷発行

編　者――角井亮一

発行者――張 士洛
発行所――日本能率協会マネジメントセンター
〒103-6009　東京都中央区日本橋2-7-1 東京日本橋タワー
TEL　03(6362)4339(編集)／03(6362)4558(販売)
FAX　03(3272)8128(編集)／03(3272)8127(販売)
https://www.jmam.co.jp/

装　丁――ホリウチミホ（ニクスインク）
本文DTP――株式会社明昌堂
印刷所――シナノ書籍印刷株式会社
製本所――株式会社三森製本所



ISBN 978-4-8207-1986-1　C3034
落丁・乱丁はおとりかえします。
PRINTED IN JAPAN